JEAN REBOUL

SA VIE — SES ŒUVRES

PAR

L'ABBÉ F. CHAPOT

NOTICE

PRÉCÉDÉE D'UNE LETTRE

DE

M. POUJOULAT

NIMES
IMPRIMERIE LAFARE FRÈRES
PLACE DE LA COURONNE

1876

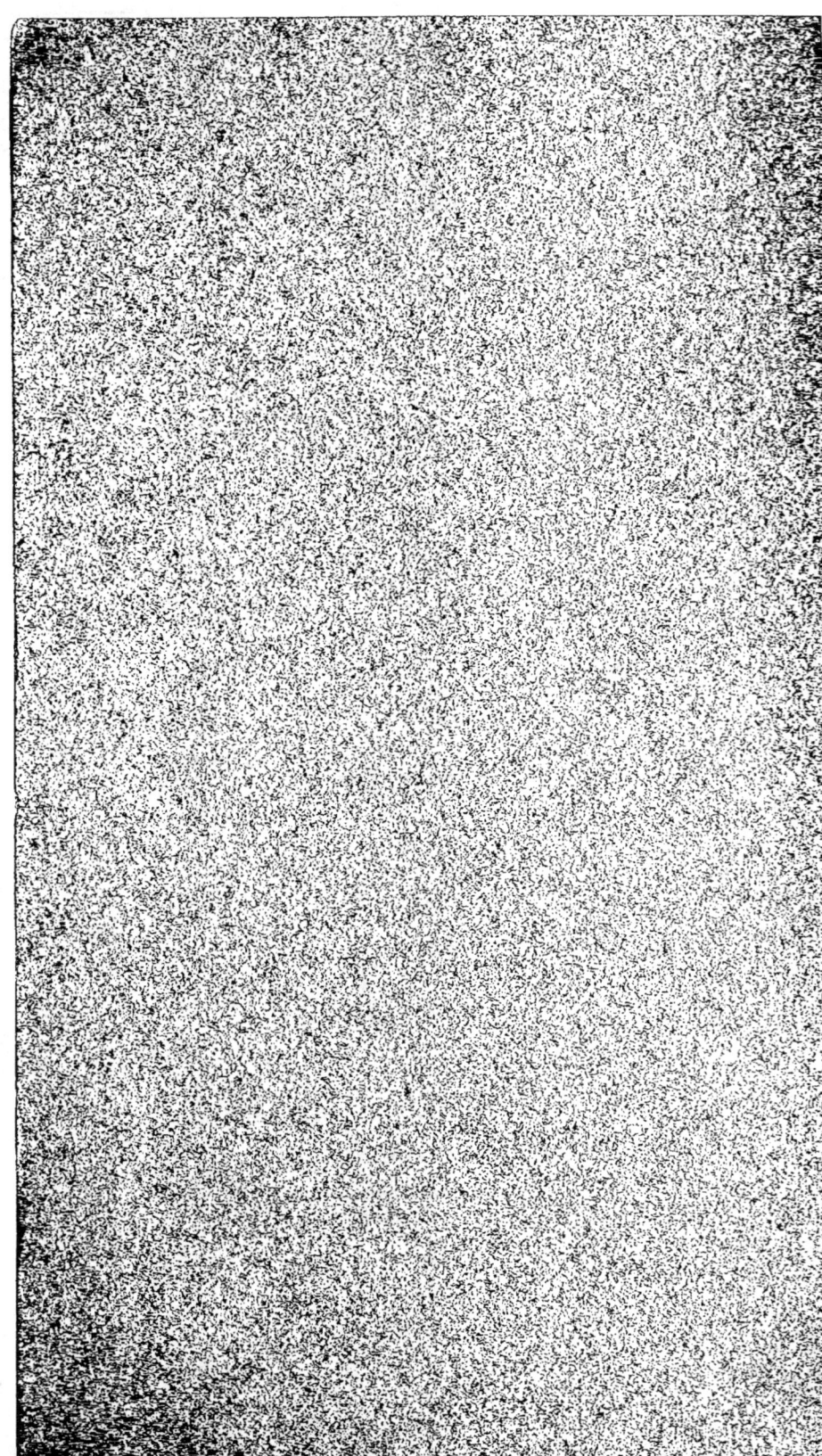

JEAN REBOUL

JEAN REBOUL

SA VIE — SES ŒUVRES

PAR

L'ABBÉ F. CHAPOT

—

NOTICE

PRÉCÉDÉE D'UNE LETTRE

DE

M. POUJOULAT

NIMES

IMPRIMERIE LAFARE FRÈRES

PLACE DE LA COURONNE.

—

1876

NIMES. — IMPRIMERIE LAFARE FRÈRES, PLACE DE LA COURONNE, 1

A

LA MÉMOIRE

DE

JEAN REBOUL

HOMMAGE

DE RESPECTUEUX SOUVENIR

ET

DE SINCÈRE ADMIRATION

Paris, 9 mai 1876.

Monsieur l'Abbé, (¹)

Je vous remercie de m'avoir envoyé vos articles sur Reboul et je vous engage à les réunir en brochure.

Votre intéressante étude m'a remis en mémoire la vie et les œuvres de ce poète, honnête homme, bon chrétien, bon royaliste, qui a vécu et qui est mort fidèle ; génie naturel que les jugements de la postérité ne diminueront pas.

Nimes qui lui avait fait des funérailles de roi, va noblement compléter le paiement de sa dette

---

(1) L'éminent écrivain qui, dans son « Introduction » aux *Lettres de Jean Reboul*, apprécia avec tant de sympathie et de vérité les œuvres de ce modeste et noble génie, a bien voulu m'adresser la lettre qu'on va lire.
Ces quelques lignes trouvent tout naturellement leur place en tête de cette brochure : élogieuses pour Reboul, elles seront ici, de la part d'un de ses plus anciens amis, le premier des hommages que va recevoir notre poète ; bienveillantes pour l'auteur de cette notice, elles lui serviront, auprès de ses lecteurs, de la meilleure et de la plus puissante recommandation. J'étais bien loin de mériter une si bonne fortune et un témoignage si flatteur.

en lui élevant un monument; vous avez bien fait, monsieur l'abbé, de rappeler en ce moment les titres de Reboul au respect et à l'admiration.

On ne saurait rendre trop vivant celui qui va recevoir de publics hommages, ni faire trop aimer celui qui aima toutes les choses justes, grandes et belles. L'heure où nous sommes est pleine de défaillances et de menaçantes obscurités : on dirait comme un soleil couchant du bon sens, de la vérité et de l'honneur.

Reboul nous a donné de nobles exemples qu'il est opportun de glorifier : il a vu venir la décadence sans en être complice, n'a jamais trahi la vérité, et jamais l'honneur n'a cessé d'être le gardien de son génie.

Merci, monsieur l'abbé, de m'avoir fourni une occasion d'offrir à sa mémoire un nouvel hommage et de m'associer de loin à vos fêtes du 17 mai qui seront les fêtes de l'honnêteté, de la poésie et de la gloire.

POUJOULAT.

ERRATA. — Page 40, ligne 27, au lieu de : *à cette race*, lire : pour *cette race*. Page 61, ligne 19, au lieu de : *acceptation*, lire : *acception*.

JEAN REBOUL

Quand, en 1852, le gouvernement impérial voulut décorer Reboul « comme on aurait décoré les Arènes », Reboul répondit qu'il ne croyait pas être passé à l'état de monument ; pour la seconde fois, il écarta de la main le ruban.

Depuis ce jour, il s'est écoulé un quart de siècle ; la postérité s'est faite pour notre Reboul et voici enfin le poète-boulanger « passé à l'état de monument. » La cendre de Reboul peut donc recevoir des honneurs qui répugnaient autrefois à la modestie du chrétien non moins qu'à la fidélité du royaliste. Il est vrai que celui-là, de qui seul Reboul aurait pu accepter une décoration « n'est pas encore en France » ; mais il n'appartient aux rois que de décorer les vivants : les hommages qui, honorent une tombe, l'amour des peuples et leur reconnaissance peuvent seuls les inspirer. Qu'elle est belle cette décoration que pourraient envier à Reboul, même les Arènes ! La consécration que les siècles leur ont donnée est une lourde couronne que le temps noircit et qui ne protège pas contre le temps ; l'auréole, qui brille au front de Reboul, l'illumine d'un éclat toujours plus vif et lui imprime comme un sceau d'indélébile grandeur.

Nimes s'était acquis une grande gloire en faisant de la mort de Reboul un deuil public et en transformant ses funérailles en une sorte d'enthousiasme et de triomphe. Ces honneurs, si solennels qu'ils fussent, ne devaient être qu'un simple prélude : ils devaient avoir pour couronnement la manifestation plus solennelle et plus triomphale dont la statue de Reboul va recevoir les hommages. Le jour de ses funérailles, un témoin oculaire disait que jamais Reboul ne fut plus vivant. Il ne se trompait pas, mais ce n'était pas assez dire ; douze ans déjà passés, Reboul est plus vivant encore aujourd'hui : il est de ces rares hommes que la mort et le temps rajeunissent.

Il est vivant dans l'esprit et dans le cœur de tous ses concitoyens. Aussi ne me suis-je pas proposé de rappeler ici le souvenir de cette existence, à la fois si humble et si noble ; je veux seulement répéter une fois de plus ce que tout le monde sait, ce que des plumes plus éloquentes et plus autorisées ont écrit. A l'heure où la ville de Nimes rend à la mémoire de Reboul l'hommage de son admiration, rien ne peut plus dignement honorer ce *dernier des Romains* que le simple récit de sa vie et la méditation de ses œuvres

Il y a trois hommes dans Reboul : le chrétien, le royaliste, le poète ; mais ces trois hommes sont si étroitement unis, si bien solidaires l'un de l'autre, qu'on ne peut, en lui, contempler la foi du chrétien ou la fidélité du royaliste sans être frappé en même temps de la majesté du poète et qu'on ne peut, d'autre part, savourer les harmonies poétiques de cette belle âme sans goûter les charmes de sa foi ardente et sans admirer les inspirations de son inébranlable fidélité. Il est d'abord chrétien et chrétien avant tout ; puis il est royaliste convaincu, à l'abri de toute défaillance ou de toute compromission ; enfin sur ce double piédestal apparaît le poète avec son grand esprit et son grand cœur. Quelle belle et noble figure ! Son front large et découvert porte comme un reflet de son âme. Ne vous semble-t-il pas que Dieu y a gravé cette empreinte de sa divine Majesté qui est le génie !

Pour mieux connaître et mieux apprécier Reboul, distinguons momentanément l'une de l'autre ces trois natures, ou pour mieux dire, ces trois caractères ; examinons chacune de ces trois faces séparément et l'une après l'autre ; quand nous connaîtrons mieux le chrétien, le royaliste, le poète, nous connaîtrons mieux Reboul tout entier.

Ma tâche est difficile, surtout après les études si remarquables dont Reboul a été l'objet (1). Mais

(1) Biographes de Reboul : Mgr de Cabrières, MM. de Pontmartin, Poujoulat, abbé Baunard, Jules Canonge, Laurentie.

ce sont précisément ces travaux qui vont me servir de guide et cette pensée est mon encouragement. Je serais trop bien récompensé si ma plume pouvait parvenir à donner de ces nombreux travaux un résumé fidèle et complet.

I

LE CHRÉTIEN

« La vie de Reboul, dit un des meilleurs amis du poète, fut un modèle de ce qu'ajoute à l'éclat du talent la pureté du caractère ; si elle nous montre l'homme, le citoyen grandis par le poète, elle nous fait voir aussi et par dessus tout la grandeur du poète dominée par la sublimité du chrétien » (1). Nos adversaires eux-mêmes — à leur façon — lui rendent le même hommage ; il y a quelques jours à peine un de leurs journaux ne s'avisait-il pas de dire, avec le patriotisme qui les caractérise, que Reboul devait à son seul titre de *clérical* une gloire qu'il ne méritait pas, une réputation surfaite, comme s'il n'y avait de grand que ce que ces beaux esprits marquent de leur empreinte ! Le mot de clérical n'était peut-être pas inventé du temps de Reboul, mais au fond ils disent vrai et Reboul se garderait bien d'y contredire. Voici en quels vers il répondait déjà à cette accusation glorieuse :

---

(1) *Semaine des familles*, 30 juillet 1864, Jules Canonge.

> J'ai vu tenir pour faux, presque pour criminel
> Ce qui me fut appris sur le sein maternel.
> ....
> Et j'ai dit à Pilate, aux Scribes, aux soldats :
> Le Christ sera mon Dieu, même sous vos crachats ! (1)

Jean Reboul naquit le 22 janvier 1796. Son père, Claude Reboul, était serrurier, et Gabrielle Tibaut, sa mère, une humble fille du peuple ; mais, à défaut d'une illustre naissance, Jean reçut de ses parents un riche patrimoine de vertu et d'honnêteté : il portait en outre avec lui de quoi édifier sa propre gloire et celle de sa famille.

L'heure n'était pas plus favorable à la poésie qu'à la religion ; les échafauds n'étaient plus dressés, mais le sacerdoce était encore proscrit et la lyre était muette. Ce fut dans l'obscurité silencieuse d'une sorte de catacombe que cet enfant reçut, avec l'eau régénératrice du baptême, la marque et le nom du chrétien. Il ne pouvait comprendre alors ce que provoquait de tristesse cette cérémonie faite à la hâte et à la dérobée par un de ces vétérans du sacerdoce que la persécution traquait comme des bêtes fauves, mais son âme si facilement impressionnable en ressentit, à son insu, comme une forte empreinte de mâle énergie et d'indomptable courage : elle s'armait pour ses rudes combats contre l'anarchie et contre l'impiété.

Ces dispositions ne firent que se développer au sein de sa famille. « L'enfant grandit sous l'œil de ses pieux parents, vrais catholiques habitués à

---

(1) *Homélie poétique*, p. 88.

marcher le front haut.... Il entendait le soir, à la veillée, raconter les événements sinistres qui venaient à peine de s'accomplir et dont l'horreur était toute vivante; il entendait bénir l'antique royauté des Bourbons dont les malheurs inouïs avaient appris au monde, selon la belle expression de Chateaubriand, « ce que les yeux des princes peuvent contenir de larmes »... Nul ne savait en quels caractères et jusqu'à quelle profondeur pénétraient ces enseignements domestiques » (1).

A ces paternelles leçons vinrent se joindre, quand les temps furent meilleurs, les leçons plus graves de l'Eglise. Reboul nous parle de ses entretiens fréquents avec son curé et des prières qu'il allait répandre aux pieds des autels. Il faut relire ces vers :

> ... Mon curé, d'un doigt glacé par l'âge,
> Me caressait la joue et me disait : Sois sage,
> Quand mes pieuses mains, aux prières du soir,
> Pour ranimer ses feux balançaient l'encensoir.

C'est vers cette même époque qu'il faut placer la première communion de Reboul ; il dut en éprouver une impression profonde puisque, de longues années après, il aimait à se rappeler cette belle journée où il avait prié avec tant de ferveur pour son pays :

> A ce festin où l'innocence
> Est puissante auprès du Seigneur,
> Qu'une prière pour la France
> S'élève du fond de ton cœur !

(1) Mgr de Cabrières. *Notice*, p. xii.

. . . .
Que ta foi de rien ne s'étonne.
Elle pourra tout obtenir,
Et cette fête, où Dieu se donne,
Sera ton meilleur souvenir (1).

Son intelligence ne se développait pas moins rapidement que son cœur. « A six ans, on le mit sous la direction d'un maître qui devait lui apprendre les premiers éléments. Deux années après, il eut successivement deux autres professeurs. Enfin, à onze ans et demi, il entra comme clerc d'avoué dans l'étude de Mᵉ Boyer », (le père du célèbre avocat et l'aïeul du député actuel de Nimes). « Ce fut là qu'il commença à donner les preuves de sa précoce valeur. Sa sœur, Mᵐᵉ Achard, raconte que, à cette époque, M. Fournier disait avec admiration, en parlant du petit clerc, qu'il rencontrait chez son parent : Je donnerais deux doigts de ma main pour avoir ses aptitudes » (2).

Hélas! ce travail paisible ne devait pas être longtemps le partage de ce jeune enfant. Une maladie « triste et lente » lui ravit son père et il fut obligé de quitter l'étude de Mᵉ Boyer pour s'appliquer à une profession plus pénible mais plus en harmonie avec les besoins de sa nombreuse famille (3).

---

(1) Dernières poésies : *Première communion*, p. 141.
(2) Mgr de Cabrières. *Notice*.
(3) Claude Reboul, en mourant, laissait quatre enfants dont Jean était l'aîné.

Ce contraste subit fut pour Reboul un coup de Providence.

<small>Mon génie est né de mes pleurs (1),</small>

a-t-il dit lui-même. Ils durent être bien amers en effet les pleurs du jeune adolescent quand il se vit privé de son père, mais cette douleur fut féconde. La violence qu'il eut à se faire pour maîtriser sa filiale affliction fut telle que de son âme, comme de la grappe sous le pressoir, jaillit le vin pur et généreux de la poésie.

Ces épreuves ne devaient pas être les dernières ni les plus cruelles. Dans l'espace de quelques années, il eut la douleur de perdre sa mère, jeune encore, et de se voir arracher par la mort, à de courts intervalles, les deux épouses qui semblaient si bien faites pour vivre de sa vie. C'est ainsi que Dieu préparait son âme à son dur apostolat ; il la trempait dans la tribulation afin qu'elle fût plus capable de mâles accents et d'énergiques protestations.

D'autres cœurs eussent été brisés par tant de maux. Parce qu'il était chrétien, Reboul fut fort dans sa douleur ; au lieu de se plaindre des coups cruels qui le frappaient, il ne sut que s'incliner sous la main de Dieu et tomber à genoux pour prier. Il suivit ainsi les salutaires enseignements qu'il avait reçus de ses parents chrétiens et les conseils qu'il tenait de cette Eglise « sur le sein

---

(1) *Poésies*, p. 125.

de laquelle il avait si bien dormi. » Il l'avoue lui-même dans ces beaux vers :

> On m'a dit que pour vaincre et l'enfer et la mort,
> Qui tombait à tes pieds se relevait plus fort (1).

Et dans ces autres :

> J'ai tout mis à tes pieds, Seigneur, et ta justice
> Donnera quelque chose à ce grand sacrifice (2).

Le Seigneur ne fut pas sourd aux prières de Reboul : en même temps qu'il versait dans son âme la douceur de ses suprêmes consolations, il faisait revivre, pour lui, dans le dévouement d'une sœur, la tendresse d'une mère et l'amour d'une épouse.

A cette époque le talent du poète était mûr et nous voyons alors Reboul se révéler avec sa belle âme de chrétien. Nous allons le suivre dans ce magnifique épanouissement de sa foi, toujours plus forte, toujours plus ardente. Il a compris sa mission et après les quelques hésitations légitimes de sa modestie, le voilà qu'il se livre entre les mains de son Seigneur et de son Dieu :

> Eh bien! je me soumets, Seigneur....
> Vous m'avez appelé ; dans ma nuit je me lève,
> Et vous obéirai, comme obéit le glaive
> Au bras qui le sort du fourreau (3).

C'en est fait, la résolution est bien prise, Reboul ne l'oubliera jamais ; il l'a dit :

(1) *Vivia*.
(2) *Poésies*, p. 163.
(3) *Dernier jour*.

> Souviens-toi du ciel, ô ma lyre !
> Car c'est du Ciel que tu descends (1).

Autour de lui éclateront de lamentables apostasies qui rempliront le monde du bruit de leur scandale et dont le contre-coup se fera sentir jusque dans son âme attristée. Reboul n'en restera que plus fidèle à son Dieu : c'est à ce douloureux spectacle qu'il devra ses plus belles inspirations.

La lyre vint du ciel à Reboul par l'intermédiaire d'un *Ange* qui l'essaya lui-même « sur le bord d'un berceau ». Cette admirable petite élégie de l'*Ange et l'Enfant* fut la manifestation du génie de notre poète : elle parut, grâce à une bienveillante indiscrétion, dans les colonnes de la *Quotidienne* et, quoique venant à une heure où les grands poètes de la Restauration étaient à l'apogée de leur gloire, les vers de Reboul furent unanimement remarqués ; on applaudit de toutes parts à ce *génie* qui se levait *dans l'obscurité*, comme un de ces astres inconnus qui s'offrent enfin aux investigations patientes de la science et qui viennent ajouter, par leur éclat, à l'ornement des cieux.

On a cherché à expliquer un succès si extraordinaire et si prompt ; l'on a dit que ce langage avait plu aux cœurs des mères et qu'il avait fait vibrer en elles la corde la plus sensible de leur affection. « Cette ode, dit M. l'abbé Baunard, se trouva être un chef-d'œuvre de pureté, d'onction

---

(1) *Poésies* : A ma lyre, p. 35.

et de grâce céleste.... Toutes les mères la lurent, tous les enfants l'apprirent.... Aujourd'hui c'est un type devenu populaire et quel est le berceau vide sur lequel une âme en deuil n'ait vu se pencher cet « ange au radieux visage » qui appelle un enfant en lui montrant le ciel ? »

Cette explication est vraie, mais elle est incomplète. Reste à dire comment l'élégie de Reboul trouva un si facile accès auprès des cœurs des mères. Pour le comprendre, il n'y a qu'à reconnaître avec sincérité que ces premiers vers de Reboul portent avec eux un parfum de piété et de foi chrétiennes capable d'embaumer toutes les âmes. M. de Pontmartin a dit : « Reboul pleura et il fut poète : cette première larme poétique s'appela l'*Ange et l'Enfant*. » Il faut ajouter que Reboul pleura comme ceux qui ont l'espérance et que si son pied touchait la terre où « l'âme souffre de ses plaisirs » son regard à travers ses pleurs apercevait « ces demeures éternelles » où l'ange et l'enfant devaient être « heureux ensemble ».

L'espérance est toujours au fond d'une œuvre sainte.
Se faner pour le ciel, c'est encor refleurir (1).

Cette larme poétique était surtout une larme de chrétien.

Nous saisissons là, dès le début, la grande *manière* de Reboul : il n'aura pas d'autre façon de dire et de chanter. *L'Ange et l'Enfant* est la révélation complète de son génie et il serait

(1) *Traditionnelles*, p. 263

vrai de dire de toute l'œuvre de Reboul qui éclôt dans cette ravissante élégie et qui va s'épanouissant jusqu'à la fin dans une unité et une harmonie parfaites, ce qu'une mère disait d'elle-même en contemplant son enfant :

> L'horizon de ma vie est autour d'un berceau.

Reboul obéira aux inspirations les plus variées ; il chantera tout ce qui sera digne de ses méditations, mais quel que soit le sujet de ses vers, il ne perdra jamais de vue les hauts sommets. Il refaira vingt fois le tableau navrant des maux de ce monde, mais chaque fois sa lyre sera fidèle à sa mission :

> Souviens-toi du Ciel, ô ma lyre !
> Car c'est du Ciel que tu descends !

Je n'en veux citer pour exemple que ses vers intitulés : le *Chant de la Pologne* (1). Reboul décrit toutes les épreuves qui accablent cette nation infortunée ; il compatit à une si grande douleur et invite la Pologne à l'espérance. Mais avant de terminer, voici qu'il prend son vol vers le Ciel et qu'il s'écrie :

> Ah ! si l'exil s'abreuve à si grande amertume,
> Si la patrie humaine a de si doux attraits
> . . . .
> Malheur à qui perdra la patrie immortelle !

Pour lui, il n'y a point d'autre source de la vraie poésie que la foi, parce que la foi est le prin-

---

(1) *Dernières poésies*, p. 131.

cipe de toute beauté et de toute grandeur. C'est ce qu'il a si bien exprimé dans ce vers de son ode à Sigalon :

> Ton pinceau sera grand si ton cœur est pieux (1)

Le premier caractère de la foi de Reboul est celui d'une soumission pleine et entière à la croyance de l'Eglise. Il le proclame lui-même :

> Me préserve le Ciel d'avoir pour ennemi
> Le sein de cette Eglise où j'ai si bien dormi
> . . . .
> Plutôt que d'être en butte à ses inimitiés
> Je briserais cent fois ma lyre sous mes pieds.
> Sainte Mère ! Jamais si ma foi se délie
> Que ma langue se sèche et ma droite s'oublie ! (2)

Il ne veut pas que le poète ait d'autre guide que l'Eglise et le Christ :

> Quoiqu'en proie aux assauts d'un nouveau déicide
> Je t'ai parlé du Christ, tu le prendras pour guide
> . . . .
> Si ta nef s'égarait ou sombrait en chemin,
> L'Eglise serait là pour te tendre la main.
> Au-dessus des vapeurs que l'orage amoncelle,
> Le Ciel, obscur pour nous, est toujours clair pour elle.
> La bave que l'enfer lui jette incessamment
> Loin d'ébranler le phare en devient le ciment.
> . . . .
> Sa foi te ravira dans ces régions pures
> Où nul charme mondain ne ternit les figures (3).

Rien n'effraye autant Reboul que les dangers

---

(1) *Poésies*, p. 50.
(2) *Traditionnelles*, p. 89.
(3) *Dernières poésies*, p. 89 et 90.

de l'orgueil et les combats qu'il aura à soutenir pour s'en préserver :

> Un grand nom coûte cher dans les temps où nous sommes (1).

Aussi avec quelle ferveur supplie-t-il le Ciel de lui épargner toute faiblesse ! Peut-il y avoir dans la foi du chrétien tant de simplicité unie à tant de sublimité :

> Hélas ! mes yeux ont vu tomber tant de soleils !
> Si je venais jamais à franchir la limite
> Ramène-moi, mon Dieu, dans la borne prescrite ;
> Car l'esprit une fois échappé de ta main
> Se fatigue à bondir et ne fait nul chemin (2)

Cette simplicité de la foi de Reboul éclate dans un grand nombre de pages de ses poésies. Citons surtout les pièces suivantes : *La tristesse de Saint-Joseph; Les langes de Jésus ; Le sommeil de Jésus; Avant la Cène ; Sur la maison de campagne* de M. Roux-Carbonnel, où nous lisons ces vers pleins d'une charmante naïveté :

> Ce qui délecta ma paupière
> Ce fut une Madone en pierre
> Dont ces lieux étaient protégés
> . . . .
> O jeune fille, sois bénie
> De ces soins rendus à Marie
> . . . .
> Ton exemple pieux m'engage
> A lui rendre aussi mon hommage.
> Au lieu de roses et de lis
> J'ai tressé ces vers en couronne,
> Et veux que ta main les lui donne
> Afin qu'ils soient mieux accueillis (3).

(1) *Poésies*, p. 16.
(2)   *Ibid.*
(3) *Traditionnelles*, p. 259 et 260.

Mais cette foi simple et naïve de Reboul était en même temps une foi éclairée ; il ne méconnaissait pas les droits de l'esprit.

> Je ne viens pas ici proscrire la raison
> Ni de tous les côtés borner son horizon
> . . . .
> Je ne la maudis point, c'est un trésor céleste (1).

Et ailleurs :

> Non, je n'étouffe point la voix de la nature
> Dans le fond de mon cœur je l'écoute plus pure (2).

Reboul condamnait seulement cette science orgueilleuse qui s'est « assise en souveraine » sur le monde et qui jette l'insulte au Seigneur dans ces mots altiers :

> En s'égalant à toi, l'humanité t'exile
> . . . .
> Couche-toi dans la fosse où dorment tant de dieux (3).

Cette fausse science trouble l'harmonie des esprits et des cœurs ; elle engendre la confusion et la ruine. Heureusement Dieu se lève alors sur le monde et l'arrête sur le bord de l'abîme qu'illumine son divin flambeau :

> Une voix dans le Ciel alors fut entendue
> Afin de proclamer la vérité perdue :
> « Le rayon au soleil a jeté ses mépris ;
> Peuples trop amoureux d'une science altière
> Apprenez que, si l'homme a droit sur la matière,
> Le Seigneur seulement peut régler les esprits » (4).

(1) *Traditionnelles*, p. 43.
(2) *Vivia*.
(3) *Traditionnelles*, p. 104.
(4) *Ibid.* p. 106.

Voilà donc bien établi entre la raison et la foi ce « mutuel accord » qui maintient intégralement les droits de la première sans violer aucun des droits encore plus sacrés de la seconde.

Et maintenant le poète peut prendre en toute sûreté son essor vers les hautes sphères de la théologie catholique ; il peut baigner ses yeux dans ces flots de lumière et ils n'en seront point éblouis.

Il est vraiment intéressant de suivre Reboul à travers ses expositions si poétiques et si vraies de la science sacrée : il n'est peut-être aucun dogme qu'il n'ait eu l'occasion d'énoncer et de développer. Dans son poème du *Dernier jour*, il nous conduit, à la suite de son ange — (toujours l'ange de Reboul !) — d'abord dans les splendeurs de la céleste cité où nous entendons de sublimes harmonies s'échapper des âmes des saints ; puis dans les limbes où nous trouvons des âmes.

> Coupables par nature et non par volonté...
> Ces âmes avec Dieu restent sans harmonies :
> Ruines que le Christ ne relèvera plus.
> Ils ne peuvent atteindre à la fin des élus (1).

Nous voici maintenant dans le Purgatoire où l'homme coupable expie ses crimes, mais où habite encore l'espoir.

> Quelque cruel qu'il soit le présent doit finir
> Et la joie éternelle est dans votre avenir (2).

(1) *Dernier jour*. Chant Ve.
(2) *Ibid.*

Mais une subite terreur s'empare de notre âme : nous sommes dans l'enfer ; « l'infini des douleurs tourne autour de nous. » Que ne puis-je reproduire ici tous ces vers qui peignent avec tant de force et de vérité ces lieux où habite « une éternelle horreur ? »

Quelle rage dans le démon !

> Eh bien ! j'obéirai,
> Mais l'écume à la bouche et le cœur ulcéré.
> Même en pliant sous toi ma volonté te brave.
> Je te sers en vaincu, mais non pas en esclave (1).

Quelle haine dans ce cœur irrité par le châtiment qu'il est condamné à subir !

> Non, non, ce que j'ai fait je le ferais encor.
> O haine ! Viens m'aider !....

Le supplice des damnés est décrit tout entier dans ce vers :

> Et toute chair se tord et toute voix blasphème (2).

Deux tableaux saisissants sont ceux où Reboul décrit le défilé des damnés et où il dépeint l'état de l'Europe actuelle qu'il résume ensuite dans ces quatre vers :

> Et je vis jusqu'où peut tomber l'esprit humain,
> Quand de tes vérités il quitte le chemin.
> O Christ ! Et pour punir les coupables empires
> Quels coups tu sais frapper lorsque tu te retires (3).

---

(1) *Ibid.* Ch. VI.
(2) *Dernier jour.* Ch.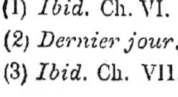
(3) *Ibid.* Ch. VII.

— 18 —

Nous devons citer enfin l'éloquent soliloque de la mort, au moment où son règne va finir pour céder la place à l'Eternité. Elle dit:

> Ils mouraient pour revivre et je meurs tout entière
> . . . . , ...
> Et moi ! Moi, je vais être une chose inconnue,
> Jehova ! Donne-moi la faveur du damné :
> L'enfer non le néant.... l'enfer est une vie (1).

Mais ces cris sont superflus ; sa prière se perd dans le vide. La mort est vaincue à son tour. Reboul avait dit ailleurs :

> La mort est le chemin de l'immortalité (2).

Il répète ici la même vérité dans cet autre beau vers :

> La mort ne peut pas être une chose qui dure (3).

Alors tout ressuscite et nous voyons l'humanité toute entière comparaître devant le tribunal du Juge suprême pour entendre une sentence de vie ou une sentence de réprobation. Le jugement terminé, les justes et les pécheurs s'en vont, ceux-là au lieu de leur récompense, ceux-ci dans l'abîme de leur supplice.

> Et j'entendis de l'une et l'autre profondeur :
> Rochers, écrasez-vous. Soyez béni, Seigneur ! (4)

Il faut savoir le reconnaître : le poème du

---

(1) *Dernier jour*, Ch. X^e.
(2) *Traditionnelles*, p. 39.
(3) *Dernier jour*, Ch. X^e.
(4) *Ibid.* Ch. X^e.

Dernier jour n'a pas cette ampleur de conception et de vue qu'il pourrait comporter ; Reboul a été ici comme écrasé par son redoutable modèle. Mais, ainsi que le dit Mgr de Cabrières, il faut bien avouer que la critique a été trop sévère pour notre poète. Cette œuvre a des beautés de détail que Dante lui-même pourrait envier à son modeste imitateur ; ce qui est plus remarquable encore, c'est la facilité avec laquelle Reboul a su allier la théologie la plus austère avec la plus belle poésie. Réduit à ses véritables proportions et jugé indépendamment de l'œuvre du Dante, le poëme du *Dernier jour* est une des plus belles perles de notre écrin poétique.

Les citations sont déjà nombreuses et cependant que d'admirables choses encore à étudier dans Reboul, comme chrétien ! Ses deux odes sur le sacerdoce ; ses vers à propos d'une *Première communion*, *A la Vierge*, sur *la Pénitence*, sur la *Noël* ; ses pièces intitulées : *Au Christ*, *Le Christ à Gethsémanie*, *Un baiser de Satan*, etc., etc., renferment les plus belles inspirations de son génie parce qu'elles lui ont été dictées par sa foi.

Il n'y a pas jusqu'à ses stances en prose sur l'Immaculée-Conception et sur Mgr Cart, à la fin de son livre des *Traditionnelles*, qui ne soient ravissantes par le parfum de poésie chrétienne qui s'en exhale et l'on se rappelle instinctivement ce vers de l'abbé Delille :

Même quand l'oiseau marche on sent qu'il a des ailes.

La foi de Reboul est grande et ardente, sa charité et sa modestie ne le sont pas moins. Ici le chrétien va nous apparaître, pour ainsi dire, sous un nouveau jour. Reboul nous a montré son esprit soumis au joug de la foi et éclairé des lumières de la Vérité ; il va maintenant nous ouvrir son cœur et nous en révéler toutes les richesses. Dans cette poitrine de bronze contre laquelle viennent se briser, impuissants, tous les traits de l'impiété, il y a une âme tendre, un cœur plein de modération et de charité : magnifique alliance de la foi et de l'amour, qui est l'œuvre d'un Dieu et qui fait le chrétien tout entier.

La charité de Reboul! Elle lui inspira parfois les accents de la plus belle éloquence. Le poète se fit souvent l'avocat des pauvres, et ses vers furent si touchants qu'il gagna toujours leur cause. Sa première pièce sur l'*Aumône* date de 1829 (1) ; elle précéda de quelques mois l'ode de Victor Hugo, *Pour les pauvres*, avec laquelle l'œuvre de Reboul se trouve avoir beaucoup de ressemblance. Nous ne savons ce qu'il arriva des vers du poète des *Feuilles d'automne*, mais personne n'ignore à Nimes que l'appel de Reboul fut entendu, et que les malheureux, secourus par la générosité qu'il avait provoquée, purent le bénir.

Dans le même cadre rentre la *Première*

---

(1) *Poésies*, p. 57.

aumône de Saint-Vincent-de-Paul (1) : pièce d'une admirable simplicité dans laquelle le grand apôtre des pauvres nous apparaît, dès ses premières années, avec toute la tendresse de son cœur.

Mais surtout quel beau tableau du dévouement et de l'héroïsme de la charité dans la pièce intitulée : *Les Petites sœurs des pauvres* (2) ! Reboul s'adresse d'abord aux vieillards qui sont l'objet de leurs soins :

> Si l'aumône répugne à votre main trop fière
> Elles iront pour vous, infatigable essaim,
> Chercher de quoi pourvoir leur ruche hospitalière,
> Et leur faim s'oubliera tant que vous aurez faim.
>
> Dans cet asile ouvert à vos peines cruelles
> Bien plus pauvres encore que votre pauvreté,
> Le lit sera pour vous et la paille pour elles,
> Si la moisson des maux passe la charité.

Puis il va frapper à la porte des riches, et leur rappelant que

> L'aumône est un devoir et peut-être un besoin,

il s'efforce, en leur mettant sous les yeux l'exemple des Petites-Sœurs, de provoquer de leur part quelques élans de charité :

> N'ayant rien à donner elles se sont données,
> Anges médiateurs près du divin courroux
> Leur visite délivre, et leurs mains fortunées
> Demandent pour le pauvre encor moins que pour vous.

(1) *Traditionnelles*, p. 48.
(2) *Traditionnelles*, p. 30.

Que s'ils ne donnent pas, ils peuvent s'attendre à voir fondre sur eux et sur le monde les châtiments de la justice de Dieu :

> Vous avez vainement, pour abriter vos fêtes,
> D'un bouclier plus fort armé l'autorité,
> Si l'égoïsme règne, attendez les tempêtes ;
> Car le calme du monde est dans la charité !

Après avoir entendu ces nobles accents, faut-il s'étonner si Reboul s'émut profondément de la guerre ouverte faite par l'Empire aux conférences de Saint-Vincent-de-Paul ? « La fameuse circulaire de M. de Persigny, ce coup d'Etat contre la charité, lui fit dire qu'un homme capable d'avoir écrit une pareille circulaire « ne serait pas resté vingt-quatre heures devant une assemblée délibérante » (1).

Dans ses rapports avec ses contemporains, cette charité de Reboul devenait de la douceur et de l'aménité à l'égard de ses amis, de la bienveillance à l'égard de ses adversaires.

« Reboul, comme tous les esprits justes, dit M. Poujoulat, ne supportait pas l'exagération. « Quand donc mettra-t-on de la mesure dans les choses, s'écriait-il ; car c'est cela qui fait vivre... même les principes » (2).

Reboul avait raison et ni la vivacité de sa foi ni l'ardeur de ses convictions politiques ne l'a empêché de faire de la modération sa ligne de

---

(1) Poujoulat. *Reboul et sa correspondance*. Introduction.
(2) *Ibid.*

conduite. Nous lisons ces vers dans son ode sur l'*Immaculée-Conception* :

> Hélas ! notre cité scindée
> Ne vit pas de la même idée ;
> Mais, étoile aux rayons vainqueurs
> De toute amère inquiétude,
> Qu'aujourd'hui ta mansuétude,
> Règne seule dans tous les cœurs (1).

Certes, Reboul connaissait et condamnait toutes les fautes de sa malheureuse patrie : il nous en fait dans son *Dernier Jour* la plus navrante peinture. Mais il n'est pas de ces cœurs qui jettent l'amertume à pleins flots, comme avec une sorte de satisfaction : en décrivant nos malheurs il nous fait sentir qu'il voudrait pouvoir y mettre un terme :

> Oh ! si ton fils pouvait consoler ta misère !... (2).

Et voici les paroles si consolantes qu'il met sur les lèvres du Christ agonisant à Gethsémanie :

> Je vais m'acheminer au sommet du Calvaire
> Et mon sang en tombant inscrira sur la terre
> Des pardons pour tous les forfaits.
> C'est le temps de pleurer et non pas de maudire,
> Le ciel même est dans la douleur (3).

Encore à l'égard de Lamennais, traître à son Dieu, et à l'égard de Lamartine, infidèle à son passé, nous voyons Reboul écrire des vers pleins de la plus mâle énergie et flétrir avec indignation

(1) *Traditionnelles*, p. 57.
(2) *Dernier jour*, p. 44.
(3) *Poésies*, p. 74.

les apostasies de toutes sortes. Il s'adresse à Lamennais et lui dit :

> Ton génie est tombé, malheureux Ariel !
> L'enfer même, l'enfer, pour qui ta raison lutte,
> N'a pas de profondeur pour mesurer ta chute
> ....
> Si l'avenir sourit, ce ne peut être à toi :
> Rome ne mourra pas de la mort de ta foi.
> ....
> Tu voudrais voir de fer le sceptre de roseau,
> Mais va, si le Christ dort, il est dans le vaisseau.
> ....
> Oh ! l'aveugle c'est toi ! Ta funeste pensée
> Est un glaive où deux fois la France s'est blessée.

Peut-il être des accents plus fermes et plus indignés ? Mais voici que la charité a son tour et qu'elle vient parler son plus beau langage. L'ode *A un apostat* se termine par ces vers :

> Mais d'un secret effroi je ne puis me défendre.
> Oh ! périssent les mots que je t'ai fait entendre.
> En défendant la loi qui commande l'amour,
> Mon zèle n'est-il pas trop amer à son tour ?
> ....
> Lève les yeux, en haut, ô Séraphin splendide !
> ....
> Pour que notre prière, ô Christ, soit efficace,
> Selon l'égarement, laisse tomber la grâce (1).

Pour Lamartine, c'est aussi, d'une part, la même énergie et, d'autre part, la même mansuétude. Reboul veut relever et combattre toutes les erreurs que le « maître de ses chants » a

---

(1) *A un apostat. Traditionnelles*, 5-15.

entassées dans l'*Histoire des Girondins* : il le considère comme un devoir de conscience, mais quelle violence il doit faire à son cœur ! Il a « pris, quitté vingt fois le papier et la plume, » et lorsqu'il a achevé sa tâche «si pleine d'amertume», il proteste qu'il n'a pas voulu contrister cette noble intelligence, mais seulement « prêter son rhythme au principe chrétien. »

Cette rare bienveillance avait pour principe une profonde modestie. Reboul, qui ne se prévalait pas de son humble naissance, n'eut, encore moins, jamais la prétention de s'élever plus haut que son origine. Fils d'un serrurier et devenu lui-même boulanger, il resta toujours dans la modeste sphère où la Providence l'avait placé. Sa journée était divisée en deux parts : le matin appartenait aux travaux de sa profession ; le soir était consacré à l'étude des philosophes et des poètes chrétiens : le *génie* croissait et se développait dans *l'obscurité* où il était né.

On connaît la visite de Chateaubriand à Reboul. Mais elle trouve ici sa place et nous ne pouvons résister au plaisir de la raconter une fois de plus telle que l'auteur des *Martyrs* la racontait lui-même :

« Je l'ai trouvé, dit-il, dans sa boulangerie, je me suis adressé à lui sans savoir à qui je parlais, ne le distinguant pas de ses compagnons de Cérès : il a pris mon nom et m'a dit qu'il allait voir si la personne que je demandais était chez elle. Il est revenu bientôt après et s'est fait connaître. Il m'a mené dans son magasin ; nous avons circulé dans un labyrinthe de sacs de farine et nous sommes grimpés par une espèce d'échelle dans un petit réduit comme dans la chambre d'un moulin à vent. Là nous nous sommes assis et nous avons causé. J'étais heureux comme dans mon grenier à Londres et plus heureux que dans mon fauteuil de ministre à Paris. »

« J'aime à voir, dit M. Poujoulat, Chateaubriand grimper dans le petit réduit de Reboul ; il y saluait la poésie et l'honneur, la poésie, qui était son propre génie, l'honneur, le seul bien qui lui fût resté. »

D'autres personnages considérables de l'époque, parmi lesquels, Lamartine, visitèrent aussi le poète-boulanger, mais ces hommages du génie ou de la fortune n'avaient aucune prise sur son cœur. Dieu l'avait fait grand, mais, parce qu'il était chrétien, il resta toujours modeste.

Quel sacrifice dut-il s'imposer quand, honoré des suffrages de tous ses concitoyens, il se vit obligé d'accepter le mandat de député et d'abandonner sa ville natale pour se rendre à Paris où son génie, il est vrai, ne devait pas être déplacé, mais où il devait se trouver si mal à l'aise ? Cet honneur parut à ses yeux comme une sorte de châtiment et il disait à Dieu dans sa sincérité naïve :

A peine ai-je rêvé le laurier du poète :
En me mettant si haut qu'as-tu donc à punir ?
. . . .
Hélas ! pourquoi m'as-tu jeté dans cet orage,
Moi, faible oiseau, cherchant la fente du rocher ?

Il accepta cependant, mais comme on accepte un fardeau :

> Ah ! l'ombre du vallon m'était douce ; n'importe
> J'accepte la rigueur de ces brûlants sommets
> Et le gland s'abandonne au souffle qui l'emporte,
> Pour reverdir encore ou sécher à jamais ! (1)

Peu lui importait le bruit de la renommée ; il ne recherchait ni la gloire ni les applaudissements. Il avait appris dans les Livres saints que Dieu voile ses mystères à ceux qui se prétendent sages et éclairés, mais qu'il les révèle aux âmes humbles et innocentes, ce qu'il exprimait en ces trois vers :

> Pour sonder, ô mon Dieu, ta puissance infinie,
> L'innocence du cœur vaut mieux que le génie,
> L'amour seul peut te découvrir ! (2)

Reboul, qui, avant tout, voulait connaître son Dieu et le servir, s'efforça toujours d'abriter son innocence derrière sa modestie. Ses biographes nous le montrent, docile, comme un enfant, aux moindres conseils de ses amis ou de ses admirateurs ; ils nous racontent les mille détails, pleins de charmes, de cette vie poétiquement chrétienne.

> La foi qui n'agit point, est-ce une foi sincère.

La foi de Reboul fut agissante. « Assidu, sans ostentation, à tous ses devoirs de chrétien, il était catholique par le cœur et par les actes... Nulle

---

(1) *Traditionnelles*, p. 112.
(2) *Dernier jour*, p. 56.

page des préceptes sacrés ne s'était déchirée sous sa main. Il croyait à tout, il voulait en tout suivre les inspirations et les exemples du Sauveur... On a justement parlé de sa dévotion envers son patron S. Jean-Baptiste... Mais rien ne saurait être comparé à la tendresse de Reboul pour l'auguste mère de Jésus... » (1)

Ses relations avec Silvio Pellico, avec M. Auguste Nicolas portent les traces de ce catholicisme de Reboul. Quel échange de hautes pensées, de beaux sentiments ! Et que Lamartine est mal avisé d'écrire à notre Reboul : « Vous priez dans une langue plus précise, mais plus étroite ; moi, dans une langue plus vague mais indéfinie. » Etroite, la langue de Reboul ! Lamartine lui-même fut-il jamais mieux inspiré que lorsqu'il parlait et priait comme lui ? Reboul a été fidèle et c'est pourquoi il a conquis l'admiration de ses contemporains : la fidélité, n'est-elle pas la grandeur d'âme ?

Ce que Reboul fut à son début, il n'a jamais cessé de l'être. « Tel il a été jusqu'au bout, dit M. de Pontmartin, et telle restera sa poésie, fidèle image de sa vie et de sa personne ». Une longue maladie avait brisé ses forces; une ombre s'était faite dans son intelligence... mais l'âme veillait et avec elle le sentiment de l'honneur, pareil à ces lampes qui brûlent pendant l'agonie. — « *Volé pa taca moum ame.* » — « Je ne veux pas salir

---

(1) Mgr de Cabrières *Notice* LXXVII.

mon âme », disait-il dans ces moments suprêmes où les paroles se comptent et où la mort commence à les disputer à la vie. « Je ne veux pas salir mon âme » ! Son vœu a été exaucé : son âme est demeurée intacte et sans souillure, au milieu des ruines du corps, comme sa poésie demeurera saine et forte au milieu des ravages du temps. L'ange, cet ange gardien qui nous était apparu dans les premiers vers de Reboul, a pu jusqu'à la fin se mirer dans cette âme comme dans l'onde *d'un ruisseau* et, plus tard, en *prenant l'essor vers les demeures éternelles*, il a pu se demander s'il emportait avec lui le plus innocent des enfants ou le plus pur des poètes » (1).

Aucun hommage de la terre ne manqua à cette âme qui retournait au ciel. Nous avons dit quelles solennelles funérailles, Nimes avait accordées à Reboul et l'on sait quelles paroles de louange et d'admiration s'échappèrent de toutes les bouches. Mais ce qui fut plus digne encore de cette belle mémoire, c'est l'éloge funèbre qui du haut de la chaire chrétienne tomba sur le cercueil de notre poète comme une couronne d'honneur et de gloire, et proclamait ainsi que c'était bien « la religion qui avait fait Reboul » (2) et que « son génie était dans sa conscience » (3).

Cet hommage était la récompense que l'Eglise accordait à son glorieux enfant : elle ne devait

---

(1) Pontmartin. *Correspondant.* Juin 1864, p. 319.
(2) Mgr de Cabrières. *Oraison funèbre*, p. 11.
(3) Poujoulat. *Introduction.*

pas être la seule. Déjà, lorsque Reboul avait offert le premier exemplaire de ses *Traditionnelles*, à Mgr Plantier, l'illustre évêque de Nimes lui avait répondu : « Votre talent s'y révèle avec de nouveaux rayons et sous de nouvelles formes. Vous permettez à sa maturité des compositions simples, naïves et légendaires que vous aviez interdites à sa jeunesse.... Mais si la mélodie change, l'esprit qui l'inspira reste invariablement le même. On voit partout éclater sans réserve l'aimable fermeté du bon sens et la sainte incorruptibilité de la foi. Le souffle orageux d'erreur et de vertige qui, de nos jours, a fait fléchir les plus fières intelligences, n'a pu vous atteindre ; vous l'avez dominé des hauteurs d'une raison chrétienne. »

Cet éloge de Reboul que l'évêque de Nimes écrivait avec l'élégance de Fléchier et où l'on sent la joie du pasteur d'avoir sous sa houlette une brebis si fidèle, Mgr Plantier voulut après la mort du poète lui donner une solennelle et publique consécration : il fit placer le buste de Reboul sur la façade de sa modeste habitation avec une inscription éloquente dans sa simplicité, qui rappelle tout à la fois l'attachement du poète à son évêque et la tendresse paternelle du Pontife pour l'un de ses fils les plus illustres.

Aujourd'hui c'est la ville de Reboul qui, suivant l'exemple de Mgr Plantier et voulant, pour ainsi dire, épuiser tous les témoignages de la plus sincère vénération, prend l'initiative de cette nouvelle solennité, suprême couronnement de toutes celles qui l'ont précédée, mais, encore ici, l'Eglise aura la meilleure part. La voix d'un autre évêque viendra succéder à la voix du pontife qui n'est plus ; avec cette éloquence que l'on admire dans les *Panégyriques* et les *Oraisons funèbres*, Mgr Besson viendra, auprès du monument qu'élève la cité à son noble citoyen et à son grand poète, proclamer que « la vie de Reboul nous fait voir, par dessus tout, la grandeur du poète dominée par la sublimité du chrétien. »

II

LE ROYALISTE

M. Guizot a dit avec raison que le catholicisme est une grande école de respect. L'illustre penseur protestant avait compris que les enfants de l'Eglise romaine sont les meilleurs et plus solides soutiens de l'autorité. A Nimes, cette vérité est encore plus saisissante que partout ailleurs. Eglise et Monarchie ne sont pas deux mots synonymes, mais ils expriment, chacun dans sa sphère, la même idée, celle de l'autorité même de Dieu d'où vient l'Eglise comme œuvre surnaturelle et de qui procède toute royauté comme principe de l'ordre social.

Nos pères n'ont jamais séparé, dans leur affection, l'Eglise et la Monarchie. Ils savaient, du reste, que la Monarchie était l'œuvre de l'Eglise et ils ne croyaient pas pouvoir aimer la mère sans aimer en même temps la fille. Cette double affection, ils nous l'ont léguée comme leur plus précieux héritage, et, grâce à Dieu, malgré le travail des révolutions, il en est beaucoup parmi nous qui sont dignes de leurs ancêtres, fidèles à Dieu et au Roi.

Comme de nos jours, il y avait, du vivant de Reboul, des esprits qui espéraient sauver le vaisseau de l'Eglise en jetant la monarchie à la mer. Reboul ne comprenait rien à cette singulière manie de séparer deux choses que Dieu, dans le cours des siècles, avait si bien unies; par ses évêques, Dieu fit la France ce qu'elle est ; n'était-il pas juste que Dieu aussi destinât la France à être le bouclier et l'épée de son Eglise, l'instrument de ses merveilles à l'égard de la Papauté ? « Sans faire de la monarchie, dit Reboul, une prescription de l'Evangile et de la maison de Bourbon une famille de saints, je dis que l'une est le *fait naturel* du christianisme et que l'autre est une race qui n'a pas de rivale. »

Ainsi Reboul est-il le type achevé du Nimois : pour lui la fidélité inébranlable à l'Eglise ne peut aller sans l'inébranlable attachement à la monarchie, car, ici comme là, c'est toujours l'autorité. Cet *ouvrier* n'entendait pas autrement la politique chrétienne, et c'est pourquoi les soi-disants démocrates, qui se prétendent les amis des ouvriers, n'aiment cependant pas le poète-boulanger. Mais la gloire de Reboul peut se passer des lauriers de la révolution : ceux qu'il a conquis par son beau caractère sont plus nobles et surtout plus durables.

Le culte de l'autorité : telle a été toute la vie de Reboul. Il faut lire, dans sa correspondance avec M. de Fresne, les admirables lettres où le politique chrétien épanchait toute son âme : il est des pages que de Maistre et de Bonald ne désavoueraient pas :

« Les *secrets* de l'Eglise sont régis par l'ordre divin, écrivait-il en 1855, et les juger toujours selon les appréhensions ou les prévoyances humaines, c'est méconnaître sa nature et peu connaître l'histoire de son passé. Le temps se charge toujours de justifier les décisions prises par l'autorité légitime, même quand elle n'est que temporelle. En vain l'impopularité s'attache à les déconsidérer auprès des instincts de révolte, que nous portons tous, hélas ! au fond de notre cœur : la vérité se fait jour et quelque fois même elle est mise en lumière par les plus ardents à la combattre. Nos soixante dernières années sont pleines de pareils enseignements. »

« N'est-ce pas ici, ajoute avec raison M. Laurentie, la langue du catholique et du philosophe tout à la fois ? Pour Reboul, les mots d'*autorité légitime* ont un sens complet qui s'applique non-seulement à l'ordre de la société spirituelle, mais à l'ordre de la société politique... Il ne souffre pas, (ainsi que le montrent plusieurs autres de ses lettres), il ne souffre pas les distinctions que quelques uns ont faites entre deux natures de droits, l'une fondamentale et inviolable, l'autre mobile et soumise à la fantaisie des révolutions. Pour lui, le christianisme est la raison du droit et, au fait, le droit est chrétien ou il n'est rien. »

Le droit n'existe donc plus aujourd'hui puisque, plus que jamais, il a perdu le souvenir de sa divine origine ; il a changé de nom, il s'appelle l'habileté ou la force. Un même esprit de vertige s'est emparé des peuples et des rois, les emportant les uns et les autres dans son redoutable tourbillon, et les conduisant aux abîmes ; les notions du Bien et du Juste sont perdues ; les noms eux-mêmes ont changé de signification et au milieu de ce trouble universel quel sort peut-il être réservé et à la liberté des peuples et à l'autorité des rois ? C'est le fruit naturel de près d'un siècle de révolutions.

Bien plus heureux était l'univers quand le Droit était respecté !

> Le monde obéissait à la toute-puissance
> Et la raison était dans son obéissance.
> ....
> La justice et le droit étaient sûrs d'un refuge,
> Et les maîtres cruels avaient là-haut un juge ;
> Les rois régnaient sur vous, il régnait sur les rois.
> Tout était gouverné par d'immuables lois (1).

La France, surtout, n'avait qu'à s'applaudir de son respect pour l'*autorité légitime* : là elle avait trouvé le secret de sa prospérité et de sa gran-

(1) *Poésies. Aux peuples*, p. 107.

deur ; tant qu'elle fut soumise à ses rois et à son Dieu elle put commander au monde et se faire obéir.

Depuis qu'un coupable dédain a poussé notre orgueil à secouer le joug, nous allons de chute en chute jusqu'à la plus douloureuse décadence. Voici la peinture de nos malheurs faite par notre patrie elle-même :

> Ce n'est pas l'étranger qui m'a blessée au cœur :
> Et quel glaive du mien aurait été vainqueur ?
> Hélas ! je n'avais rien à craindre que moi-même :
> Je trouvai mon écueil dans ma splendeur suprême :
> Car Dieu mit, ô mon fils, pour tout peuple hautain,
> Une grande misère auprès d'un grand destin.
> . . . .
> Je comptais des Français mais je n'eus plus de France ;
> Le lien social fut dissous par la loi.
> L'Evangile nouveau disait: Chacun pour soi;
> L'égoïsme étala ses nudités infâmes,
> L'ignoble soif de l'or brûla toutes les âmes.
> . . . .
> Pour changer en vertus les vices de leur maître,
> Un langage nouveau ne tarda pas à naître ;
> Les mots sont retournés en un sens infernal
> Et le mal fut le bien et le bien fut le mal (1).

C'est dans la logique des événements. La philosophie impie du XVIIIe siècle, en se riant de Dieu, jeta bas la royauté : le trône une fois renversé, les idées de folle indépendance pénétrèrent dans le peuple, et voici que nous assistons à la ruine complète de toute idée religieuse. La guerre à l'autorité royale ne fait que précéder de quelques

(1) *Dernier jour*, chant 2.

jours la guerre à l'autorité divine de qui elle émane et, comme le dit si bien Reboul :

Le Judas de son roi l'est bientôt de son Dieu (1).

La théorie qui devait naître le plus naturellement de ces principes de révolte, c'était ce funeste *système égalitaire* qui a séduit tant d'esprits et préparé tant de désastres. Notre poète ne peut concevoir que des idées aussi fausses aient pu si facilement être adoptées, et, son indignation l'inspirant, il les flétrit en ces termes énergiques :

Eh bien ! soit, raisonnons....
Quelle fleur, quel soleil et quelle créature
Ont la même splendeur et la même mesure ?
Ecrit comme une loi de la divinité
Le mode hiérarchique est dans l'immensité....
Que faire contre un joug où le ciel nous soumet ?
L'obélisque ne peut avoir qu'un seul sommet.
. . . .
Quel homme, au nom de l'homme, a-t-il pu commander ?
Il faut que pour nous faire à quelque discipline
Dieu domine toujours celui qui nous domine.
L'homme à l'homme est semblable et point du tout égal (2).

Mais là ne doit point se borner la tâche du poète qui a la noble mission de travailler au salut de son pays. Ce n'est pas tout de constater les maux de la société ; il est plus utile et plus digne de s'efforcer de les guérir. Les rois et les peuples sont également coupables : Reboul ne craindra pas de rappeler à ceux-là la noblesse de

(1) *Traditionnelles*, p. 83.
(2) *Dernières poésies*, p. 223.

leur céleste origine et les devoirs que la couronne leur impose, à ceux-ci le respect qui est dû au pouvoir dont Dieu est la source et la filiale soumission qu'ils doivent à cette légitime paternité.

C'est un devoir pour le poète, et, si difficile qu'il soit, Reboul aura le courage de le remplir. Car

> Malheur à la lyre avilie
> Qui flatte un peuple dans sa nuit,
> Qui chante à table et qui s'oublie
> Jusqu'à s'enivrer avec lui (1).

Sa lyre s'adresse d'abord aux peuples, leur fait voir en quelles aberrations leur esprit s'est précipité et les invite généreusement à revenir de leurs égarements :

> Vous avez............ infernale Babel,
> Saccagé la famille, et le sol, et l'autel,
> Frappé d'exil, coupé des têtes souveraines
> . . . .
> O lâches Esaüs, vendant la liberté,
> Que peut penser de vous l'éternelle équité ?
> . . . .
> Vous rendrez compte un jour d'un siècle de combats
> . . . .
> Vous répondrez surtout d'une auguste victime
> Dont la tête en tombant, a creusé votre abîme
> . . . .
> D'un entier châtiment sans cesse menacé
> Il ne tiendrait qu'à vous qu'il ne fût effacé.
> Dieu vous a fait subir la moitié du supplice,
> Profitez d'un sursis offert par sa justice (2).

(1) *Poésies*, page 63.
(2) *Dernières poésies*, page 109.

Le langage que Reboul fait entendre aux rois n'est ni moins sévère ni moins pressant :

> Qu'une couronne vole au vent qui nous dévore !
> La vôtre, à votre front, dites-vous, tient encore......
> Et vous croyez que Dieu vous a mis sur la terre
> Pour vous croiser les bras et pour regarder faire !
> Qu'indolents serviteurs de la fatalité
> On pourra croire encore à votre autorité !
> Non, non, dès aujourd'hui vous descendez du trône
> Car c'est à plus haut prix qu'on garde une couronne ;
> Qui n'est prêt à mourir ne peut longtemps régner.
>
> . . . .
>
> O rois ! réfléchissez et rentrez en vous-même !
> Que je sois convaincu d'un injuste courroux !
> L'anathème arraché m'est plus amer qu'à vous..,
> Ne vous méprenez pas sur le cri de ma peine
> C'est celui de l'alarme et non pas de la haine.
>
> . . . .
>
> Le monde a mis en vous toute son espérance
> Et de votre réveil attend la délivrance ;
> Ramassez, pour répondre à cette auguste fin,
> Ce qui peut vous rester du baptême divin.
>
> . . . .
>
> Vaincus levant la tête et plus hauts que le sort,
> Sachez mourir en rois pour régner dans la mort.
> Le Dieu qui s'immola sourit au sacrifice
> Et féconde le sang versé pour la justice ;
> Votre droit renaîtrait de vos derniers soupirs ;
> Car l'autel est sauvé quand il a des martyrs ! (1)

Le premier acte de salut pour les peuples et les rois doit être de se retourner vers le Dieu qu'ils ont abandonné et trahi.

(1) *Dernières poésies*, p. 97 et 163.

> Car du Christ seule encor la parole féconde
> Du fond de son tombeau peut ramener le monde
> Mort par un oubli de la foi.
> Seule, elle peut, au bord du réduit funéraire,
> Dire au cadavre infect : « Ecarte ton suaire !
> Au nom du Dieu vivant, Lazare, lève-toi ! » (1)

Il faut aussi que le monde jette les yeux vers l'Eglise et l'appelle à son aide : Pierre doit être le fondement de toute société qui ne veut pas périr :

> Sans le concours du Christ, vainqueur du monde antique,
> Rien ne s'élèvera sur le sol politique.
> Les ouvriers ont beau travailler ardemment,
> Ils creusent une fosse et non un fondement (2).

Et ailleurs :

> Oui, j'en ai pour garant les promesses divines,
> Pierre, que tant d'affronts accueillent aujourd'hui,
> Si pour édifier, il faut un point d'appui,
> Las de détruire, un jour, couché sur des ruines,
> Le monde, après avoir, en dehors de la foi,
> Bu de toute parole et de tous les systèmes,
> En remords suppliants changera ses blasphèmes
> Et pour ne pas mourir se tournera vers toi (3).

Telle est la première condition de la résurrection du monde et Reboul, déjà de son temps, avait comme un pressentiment que les peuples commençaient à le comprendre.

« Avez-vous, mon cher ami, écrivait-il à M. de Fresne, avez-vous réfléchi au phénomène qui se

---

(1) *Poésies*, p. 63.
(2) *Traditionnelles*, p. 77.
(3) *Dernières poésies*, p. 124.

passe de nos jours ? Dans cet affaissement moral des pouvoirs humains, comme au IVe et Ve siècles, les peuples semblent chercher un autre abri. Cela vous explique ces empressements auprès de l'Eglise, ces étrennes, ces baisers donnés par des enfants qu'elle n'a point portés ! Jamais la Providence n'avait d'une main plus ferme et d'une encre plus visible écrit ses intentions comme elle le fait aujourd'hui. »

Ce n'est là toutefois, de la part des peuples, qu'un simple élan de bonne volonté: il faut, pour exécuter l'œuvre, que Dieu se serve encore d'un bras fort et vigoureux, devenu l'instrument de sa miséricorde. Ce bras de Dieu, pour Reboul, c'est l'antique et noble race des Bourbons.

> Les Bourbons ! nom d'amour, de gloire et d'espérance !
> Car l'on ne peut trouver que l'honneur de la France,
> En remontant le cours de leurs nobles aïeux.
> Que la fortune fût pour eux bonne ou fatale,
> Chevaliers couronnés, à leur âme royale,
> L'amour du nom français ne fit jamais défaut ;
> Il était leur courage au milieu des batailles,
> Leur patrie en exil, leur orgueil à Versailles,
> Et leur consolation au pied de l'échafaud (1).

Que ne puis-je reproduire ici les odes nombreuses qu'ont inspirées à notre Reboul son admiration et son dévoûment à cette race sans rivale, dont la grandeur n'a eu d'égale que son infortune ?

Le royaliste ne laisse échapper aucune occasion de payer à cette auguste famille le tribut de ses

---

(1) *Dernières poésies*, p. 177.

hommages. En quelque endroit qu'il rencontre un Bourbon, il le salue et il le chante.

En 1824, il chantait sur la tombe à peine fermée de Louis XVIII.

> A réparer nos maux par le Ciel destiné
> Il a rempli sa tâche...

> Il peut rendre au Seigneur compte de sa victoire.
> Les peuples du poids de sa gloire
> Ne furent jamais fatigués
> Sur des décombres subjugués.
> Il n'a pas empreint sa mémoire ;
> Il n'a pas vu le meurtre accourir à sa voix,
> Ni, de la hauteur d'un pavois,
> D'esclaves triomphants éclater le délire
> Mais la patrie a béni ses exploits
> La patrie est heureuse et libre par ses lois.
> Il meurt, il a conquis ce que son cœur désire,
> Car la victoire des bons rois
> C'est le bonheur de leur empire.

> O mort ! Il brave ta furie ;
> Il ne relève pas de toi.....
> Ce n'est que l'homme qui succombe
> Le chef royal est immortel.
> En vain de ton sceau, tu les marques,
> La famille de nos monarques
> Est comme un monarque éternel (1).

Puis c'est à la *Fille de Louis XVI* que s'adresse la lyre de Reboul, et voici dans quels vers elle célèbre ses rares vertus :

> Aux vœux sortis du sang de l'auguste hécatombe,
> Quel cœur mieux que le tien avait su consentir !
> Quel front plus calme offert à la foudre qui tombe
> Sut mieux changer ses coups en rayons de martyr ?

(1) *Dernières poésies*, p. 151 et 154.

> Trois fois sur le sommet et trois fois sur l'abîme,
> L'un n'a pu t'éblouir, ni l'autre t'effrayer.
> Et tu fis voir à tous, femme grande et sublime,
> Que c'est sous ton Dieu seul que tu pouvais plier (1).

Quelques années plus tard l'injustice des spoliations italiennes permettait au monde de contempler à découvert, d'une part, la grandeur d'âme de la duchesse de Parme forcée à quitter ses Etats, et le courage du jeune roi de Naples défendant à Gaëte, à côté de sa vaillante épouse, les derniers lambeaux de sa pourpre. Comment la lyre de Reboul n'en aurait-elle pas été inspirée ? Elle chante d'abord *Madame* de France :

> Par la foudre et l'éclair en naissant couronnée,
> Tu vis de tant de deuils tisser ta destinée,
> Que nul coup désormais ne peut t'épouvanter ;
> Car ta race eut toujours la faveur souveraine
> D'essuyer avec Dieu le blasphème et la haine,
> Que du fonds de son puits l'abîme fait monter.
>
> Mais comme tous les tiens, sourds aux cris de l'abîme,
> Sans descendre jamais de ta sphère sublime,
> Ton âme des partis répudia le fiel,
> Et défenseur du saint, de l'utile et du juste,
> Ton sceptre fit servir, sous sa tutelle auguste,
> L'empire de la terre à l'empire du Ciel (2).

L'ode *A François II* a des strophes encore plus belles : l'héroïsme du couple royal inspire à Reboul des accents vraiment sublimes :

---

(1) *Traditionnelles*, page 121.
(2) *Dernières poésies*, page 126.

> Debout sur un rocher moins sûr que ton courage,
> Aux yeux du monde ému tu tiens tête à l'orage.
> Sourd au conseil douteux qui veut le protéger,
> Tu réponds par la foudre à la foudre qui tonne ;
> Un éclair en passant peut brûler ta couronne,
> Tu ne la rendras pas aux mains de l'étranger.
> Tu t'es dit que l'enfant d'un illustre lignage,
> Pour sauver son honneur doit mourir à tout âge.
> ....
> Et sais, dans la balance où le sort se décide.
> Ce que pourrait peser la dépouille d'un roi.
> ....
>
> Les souverains semblaient vouloir livrer d'eux-mêmes
> Leur pouvoir à la rue et leur face aux blasphêmes :
> Tu retrempes la pourpre en des flots glorieux ! (1).

Mais ne tardons pas davantage à entendre les poétiques accents de Reboul sur le chef actuel de cette noble race, l'unique rejeton de trente rois. Ici vibre l'âme du poète « fidèle »; il entrevoit les hautes destinées de ce prince si bien nommé « l'Enfant du miracle » et il prédit dans ces vers, écrits en 1833, les admirables qualités qu'il doit montrer au monde :

> Le chef d'un grand empire est une sentinelle,
> Que la mort seulement doit faire reposer.
> Car le trône n'est plus sur la terre française,
> Une couche où l'on peut mieux dormir à son aise.
> ....
> Quelque chose de grand se couve dans le monde,
> Il faut, ô jeune roi, que ton âme y réponde.
> Les temps sont en travail pour des jours plus heureux.

(1) *Dernières poésies*, p. 114.

> Le siècle est dévoré d'incurables ulcères :
> Tu n'épouseras point ses honteuses misères
> Et de tous ses tombeaux recueillant les poussières,
> Tu n'en bâtiras pas un palais ténébreux.
> ....
> S'il reste quelques rois dont le regard s'obstine
> Pour le pâle rayon de l'astre de la nuit,
> C'est qu'ils se sont couchés dans la plate campagne.
> Mais toi que la rigueur de l'exil accompagne,
> Que le matin surprend au haut de la montagne,
> Dis-leur : « Reveillez-vous, c'est le soleil qui luit ! »
> Oh ! ce n'est pas pour rien que, calmant notre deuil,
> Le ciel par un mourant fit révéler ta vie,
> Que quelque temps après, de ses enfants suivie,
> Aux yeux de l'univers la nation ravie
> T'éleva dans ses bras sur le bord d'un cercueil (1).

Certes il était difficile à un poète de parler du « duc de Bordeaux » après les odes de Lamartine et de Victor Hugo. La pièce de Reboul ne fait cependant pas trop mauvaise figure auprès de ses sœurs aînées ; elle soutient, parfois avec avantage, la comparaison.

Quelques années plus tard, tandis que Lamartine et Victor Hugo, « Judas de leur roi » prostituaient leur lyre dans des chants indignes de leur glorieux passé, Reboul, toujours fidèle chantait le mariage de M. le comte de Chambord : c'est encore le même souffle, la même inspiration :

> Le bruit de ton hymen nous remplit d'allégresse
> Un rayon de soleil passe dans notre nuit
> ....

---

(1) *Poésies*, p. 53-56.

> Je ne suis point de ceux que le ciel illumine,
> Mais Dieu, pour réunir et pour pacifier,
> Souvent réserve, après quelque grande ruine,
> L'innocence qui souffre et qui sait oublier.
> O fille de César, ton âme magnanime
> De toutes ses vertus devina le trésor.....
> Ton choix te fait honneur; pour l'unir à la tienne
> Tu n'aurais pu trouver plus illustre maison.
> Son nom est le plus grand des bruits de notre histoire.
> ....
> Son éclipse toujours fut d'un mauvais augure,
> Je ne sais quoi s'attache à son destin sacré.
> ....
> Ah ! tant qu'il restera des enfants à la France,
> Dominant le passé, peut-être l'avenir,
> Ce grand nom sera cher à la reconnaissance
> Et ne manquera pas de voix pour le bénir (1).

Avec cette haute idée que Reboul avait de l'auguste « exilé », quel autre sentiment pouvait-il éprouver que celui d'une filiale impatience à le voir monter sur le trône de ses aïeux ? Aussi avec quelle piété naïve, avec quelle ferveur il conjure le ciel de hâter enfin les jours de miséricorde !

> Mets un terme à tant de démence,
> Rends, ô mon Dieu, la raison à la France,
> Rends les sujets au souverain.

Et pour être sûr de voir sa prière plus favorablement accueillie, il s'adresse, dans ses *premiers vers*, à la Vierge :

---

(1) *Traditionnelles*, p. 116.

> Ce cèdre dont les cieux avaient reçu le faîte
> . . . .
> N'a plus qu'un rejeton.
> Veille, veille sur lui, secourable Marie,
> Qu'à ta voix dépouillant sa menaçante horreur,
> L'aube de l'avenir se montre à ma patrie
> Pure comme ton cœur !

Le Ciel n'a pas encore exaucé les supplications de Reboul. Mais ce qui nous invite à l'espérance, c'est qu'il nous tient toujours en réserve le fils de nos Rois. L'heure qui est à Dieu sonnera un jour : l'enfant de l'Europe viendra remplir ses grandes destinées, relever la France et renouer l'avenir à la chaîne, hélas ! trop longtemps brisée, d'un passé glorieux.

Reboul n'a pas pu voir briller ce jour où ses vœux devaient enfin se réaliser ; il est mort en plein Empire (1), alors que l'orgueil d'un trop heureux usurpateur se flattait d'avoir creusé la tombe de la Monarchie et d'avoir enseveli avec elle, sous un couvercle de plomb, nos immortelles espérances elles-mêmes. Il a quitté ce monde sans assister à la résurrection des peuples et des rois, mais faut-il l'en plaindre quand, pour arriver à ce suprême dénoûment, il nous faut traverser tant de jours pleins de tristesse et d'amertume !

Les épreuves étaient déjà grandes sur les dernières années de cette belle vie : la plus cruelle pour son cœur dut être cette odieuse cons-

---

(1) C'est le dimanche 29 mai 1864 que Jean Reboul rendit sa belle âme à Dieu.

piration du silence et du mépris de l'Empire contre le droit monarchique, procédé indigne dont un trop grand nombre d'esprits furent d'abord les dupes trop crédules avant d'en être les malheureuses victimes.

Déjà, en 1844, témoin des mécomptes de certains catholiques qui avaient cru au règne de la liberté sur la foi des promesses révolutionnaires, Reboul s'écriait : « Eh! bonnes gens, si la révolution n'était pas le despotisme, elle ne serait pas la révolution » (1). Belle pensée dont la vérité allait être, quelques années après, confirmée une fois de plus par le programme du second Empire qui se donnait comme le programme de la révolution.

Les illusions ne pouvaient trouver place dans une âme si clairvoyante : Reboul n'en eut jamais et voilà pourquoi son âme fut si forte et si fidèle jusqu'au bout ; voilà pourquoi il se croyait la mission d'ouvrir les yeux à ses contemporains aveuglés et de rappeler au devoir des cœurs qui l'attristaient par le scandale de leurs faiblesses.

Nous avons dit un mot de l'énergie avec laquelle Reboul parlait à Lamartine, à celui dont il se disait avec orgueil « le disciple ». Il était bien plus à l'aise encore quand il flétrissait l'esprit de servilisme et de platitude que l'ambition et l'amour du lucre étendait et développait de plus en plus. Quel tableau que celui du poète

---

(1) Poujoulat, *Introduction*.

indigné nous montrant cette multitude enthousiaste qui se pressait autour du char triomphal de Napoléon Ier quand ses cendres étaient transférées aux Invalides ! « Vois, dit-il à l'Empereur,

> Vois cette multitude, héroïque canaille,
> Qui change ses faubourgs en un champ de bataille.....
> Ces bâtards du blason ou de la bourgeoisie,
> Ces fiers républicains dont tu courbas les fronts.
> Tribuns s'encourageant dans la haine du maître
> Qui levèrent séance en gagnant la fenêtre
> Au seul bruit de tes éperons.....
>
> Tout ce qui s'éleva par un succès infâme,
> Tous ces lâches sans foi, sans honneur et sans âme,
> . . . .
> Tout ce qui tellement rampe à plat sur la terre
> Qu'il ne saurait être écrasé,
> Tout cela bat des mains après ton char et crie :
> « Gloire à celui qui fit respecter la patrie » ! (1)

Pouvait-on peindre avec plus de vérité ces indignes bassesses qui sont la honte de l'humanité ! Quel coup de fouet plus sanglant pouvait-il être infligé à ces fiers démocrates qui

> ..... Selon le logis arborant l'étendard
> Déjeunaient de Brutus et dînaient de César (2).

Pour se consoler de tant de douloureux spectacles, Reboul aimait à reposer ses yeux sur ces hommes fidèles qu'aucune tempête ne pouvait ébranler ni aucune séduction éblouir. Alphonse

---

(1) *Traditionnelles*, p. 135.
(2) *Dernières poésies*, p. 55.

Boyer fut un de ces rares privilégiés de cette époque, qui plaça la fidélité à son principe au-dessus de toute humaine considération. Qu'il nous soit permis d'ajouter, en passant, qu'il revit aujourd'hui, avec une gloire renouvelée, dans un fils digne de lui qui, pour avoir été fidèle à suivre le *droit chemin*, a mérité deux fois l'honneur d'être le représentant de notre cité catholique et royaliste.

Il faut lire ces vers où Reboul nous retrace l'image *du citoyen en temps de Révolution*. Avec quelle verve il flétrit d'abord ces appétits grossiers qui dégradent notre âge, ces hommes qui semblent étonnés qu'on leur reproche comme un crime « de faire leur fortune et qui trouvent tout naturel »

> .... D'oublier un serment pour un bon râtelier.

Il ne veut pas de ces *gens honnêtes*, de ces *Français avant tout* :

> .... Pour un jour de repos
> Ils vous feraient subir dix siècles de chaos.
> ....
> Quoique toujours vendus, hommes toujours à vendre,
> Qui s'élèvent sans cesse à force de descendre.

Heureusement ces *gens honnêtes* ne font à leur fantaisie ni le droit ni l'honnêteté :

> Non, non ! l'honneur n'a point, quoiqu'on en puisse dire,
> Aliéné ses droits ni perdu son empire.
> ....

> Le fait en vain triomphe, il laisse une lacune,
> Un principe vaut mieux qu'un éclair de fortune.
> ....
> Une paix achetée est une paix factice ;
> Le repos ne peut pas durer sans la justice.
> Qui veut vivre à tout prix n'a pas longtemps à vivre.

Ainsi pensait Alphonse Boyer et ce que Reboul admirait en lui, ce n'était pas seulement le « juriste portant un flambeau dans la main », c'était encore et surtout sa fidélité « au sang de nos Bourbons. »

> Moi, je t'admire aussi, mais dans un autre rôle,
> Et j'aime mieux ton cœur encor que ta parole....
> Tu gardas ton honneur avec un soin avare
> Quand d'autres le vendaient au prix d'une simarre
> ....
> Ta constance n'est point la rancune stupide.
> ....
> Le citoyen est pur de l'homme de parti,
> Rien n'est intéressé dans tout ce qu'il adore
> Et ton cœur sans espoir serait fidèle encore (1).

Ce beau portrait de l'illustre avocat royaliste est aussi le portrait de Reboul. Ces « fidèles » ne vous apparaissent-ils pas semblables au « Juste » d'Horace et ne pensez-vous pas qu'ils sont de ces cœurs que la chute du monde ne pourrait ébranler ?

Que ne pouvons-nous citer encore ici au moins quelques-uns de ces beaux vers consacrés à l'éloge de Berryer et de Chateaubriand ? « La royauté du style et la royauté de la tribune, dit M. Poujoulat, obtiennent des hommages de Reboul ; ce poète est d'autant plus à l'aise qu'il peut estimer ce qu'il

---

(1) *Traditionnelles*, p. 90-97.

admire. Le talent tout seul ne l'eût pas subjugué ; il fallait à son enthousiasme la dignité du caractère. Rien ne va mieux au génie que la fidélité : Reboul aimait passionnément dans autrui ce qui faisait son propre et légitime orgueil » (1).

Comme toutes les vertus, la fidélité de Reboul fut mise à de rudes épreuves, mais loin d'en ressentir la moindre atteinte, elle n'en sortit que plus éclatante, comme le soleil ne paraît jamais plus radieux qu'après une tempête. Il avait dit à ses amis :

> En attendant, à notre Henri,
> Qui ne fut jamais plus chéri,
> Faites promesse solennelle
> Que nous préfèrerions cent fois
> Gratter la terre avec nos doigts
> Que manger d'un pain infidèle ! (2)

Cette solennelle promesse, il l'avait faite depuis longtemps lui-même, joignant le bon exemple au bon conseil et rien ne put jamais la lui faire oublier.

« Deux sortes de gens sont toujours prêts à accepter : ceux qu'aucune conviction n'arrête et ceux qui ont peur. Reboul avait des convictions et n'avait peur de rien.

» Deux gouvernements essayèrent de lui faire accepter le ruban de la Légion d'honneur : il ne se laissa pas décorer. M. de Salvandy, qui recherchait beaucoup les honnêtes gens, tenta l'aventure

---

(1) Poujoulat. — *Lettres de Jean Reboul.* — *Introduction.*
(2) *Dernières poésies,* p. 216.

sous Louis-Philippe : « Celui qui peut m'offrir cela n'est pas en France, » lui répondit Reboul.

Nous avons raconté, d'autre part, au début de cette étude, ce que notre poète avait répondu au gouvernement impérial quand celui-ci renouvelait cette tentative, en 1852.

Ce double refus fit du bruit ; Reboul le regretta sincèrement, car il avait une « modestie héroïque : « il lui suffisait d'être vu de Dieu.» Voici en quels termes il parle de sa conduite en cette double circonstance :

« N'ayant que moi seul pour conseil, j'ai demandé au Dieu de S. Louis d'éclairer mes incertitudes, d'élever mon âme au-dessus des petites vanités, de me délivrer des rancunes politiques, si je pouvais en avoir, et de me faire prendre un parti qui me mît tranquille avec moi-même. Je n'ai pas, on le pense bien, la prétention de recevoir des inspirations d'En-Haut, mais je crois à l'efficacité de la prière. Je ne sais pas si j'ai été exaucé : ce que je sais, c'est que j'ai fait sincèrement tout pour l'être. »

« Ceci, ajoute M. Poujoulat, est d'une grande beauté morale. C'est une âme pénétrée de l'Evangile qui se laisse voir dans ses tranquilles et sereines profondeurs » (1).

Et remarquons qu'il n'y a là rien qui décèle un déguisement d'orgueil. Reboul est de bonne foi dans sa modestie et néanmoins sa modestie n'est

---

(1) Poujoulat. *Introduction*.

pas sans fierté : c'est pour cela précisément qu'elle appelle et justifie l'hommage.

Il ne semble sortir de son humble sphère que lorsqu'il a sa foi religieuse ou ses convictions politiques à venger. Nous avons déjà vu avec quelle force il s'était élevé contre l'apostasie de Lamennais, contre l'infidélité de Lamartine ; il ne sera pas sans intérêt de dire un mot de la défense chaleureuse que prit Reboul de la maison de Bourbon contre le Père Lacordaire. Le célèbre dominicain, dans une de ses conférences de Toulouse, avait prononcé quelques phrases qui lui avaient attiré de la part de M. de Fresne, une lettre de respectueuse mais légitime plainte. La réponse du P. Lacordaire fut une excuse ; elle eût été plus belle si elle avait été un désaveu. Reboul connut cette lettre à M. de Fresne et voici ce qu'il écrivit :

« *Si la race des Capétiens est la plus illustre et la meilleure,* qu'on la laisse donc en repos ! Le sentiment universel ne se trompe pas sur les tendances de l'illustre dominicain. S'il n'avait attaqué que quelques princes, et non la race, personne ne s'en serait étonné ; il n'aurait fait que ce que tous les hommes de bon sens font en lisant l'histoire. Mais en fin de compte, mon cher ami, je suis heureux d'avoir connu sa lettre, elle est pleine de modération et de convenance et l'aveu que j'ai transcrit plus haut me démontre que ce grand esprit sait s'élever où le génie n'arrive pas toujours, au bon sens de la foule. »

Toutefois, dans la lutte en faveur de ses convictions politiques comme dans la défense de sa foi, Reboul porte toujours cette modération qu'il louait chez le Père Lacordaire, cette vertu qui, selon lui, fait vivre........ même les principes. Il suivait ce conseil qu'il donnait aux poètes chrétiens :

> Au milieu des partis, approchez-vous et dites:
> Combien l'amour est grand et les haines petites! (1).

Nous lisons aussi dans la préface de son *Dernier jour*, ces lignes où se peint toute son âme de chrétien et de juste :

« Quelles que soient, dit-il en parlant de Lamartine et d'Alexandre Dumas, quelles que soient les croyances ou les opinions qui peuvent nous séparer, je leur serai éternellement lié, j'ose le dire, par quelque chose de plus encore que la reconnaissance. »

C'est cette modération de Reboul qui explique l'unanimité des hommages rendus, il y a douze ans, à sa dépouille mortelle, et qui justifie les honneurs que la ville de Nimes tout entière s'apprête à rendre à sa glorieuse mémoire. Toutes les dissidences d'idées s'effacent « devant celui qui jamais ne voila sa pensée, mais aussi n'en fit jamais une offense pour celle d'autrui. »

Ce qui fut en Reboul plus admirable encore que l'alliance de la modération avec l'énergie de la fidélité, ce fut son complet désintéressement.

(1) *Poésies*, p. 65.

Pour la première fois, en 1844, le maire de Nimes, M. Girard, lui offrait la place de bibliothécaire devenue vacante, ayant soin de lui faire remarquer que l'indépendance de ses convictions n'en recevrait aucune atteinte. Reboul refusa les offres du maire.

Une lettre touchante est celle où Reboul rassure un de ses amis qui craignait que le boulanger ne fît tort au poète : « Rassurez-vous, écrit celui-ci, je ne regrette nullement la condition où la Providence m'a placé ; elle a ses amertumes sans doute... mais il y a des compensations. Le poète y gagne en tranquilité d'esprit ce qu'il y perd en loisir ; mon établissement prospère et me donne plus que le pain quotidien, mais, je le répète, ce n'est pas sans beaucoup de labeurs.

Je cite souvent les lettres de Reboul ; c'est que, comme le dit M. Laurentie, elles ont ceci d'intéressant qu'elles mettent à découvert cette nature qui devait tout à elle-même. La poésie peut n'être qu'un artifice.... Il n'en est pas ainsi de la communication libre des âmes telle qu'elle s'épanche dans un échange de lettres... Les lettres de Reboul — qui le font connaître tout entier — justifient le monument que lui élève sa patrie. Dans les poèmes resplendit le génie de l'homme, dans les lettres la sagesse du philosophe et la vertu du chrétien » (1).

Reboul avait rêvé de s'en aller avec « l'honneur d'un dévouement gratuit. » Lorsqu'en 1836, des

---

(1) Laurentie. — *Union*.

amis s'unissent pour lui offrir une pension d'un Auguste Exilé ; il la refuse : « Il n'y a au monde, dit-il, qu'une main de laquelle je ne rougirais pas d'accepter... mais la rigueur des temps à tari cette noble source ; l'exil a besoin de ses miettes et notre devoir aujourd'hui est bien plutôt de l'assister que de recevoir de lui ».

Plus, tard des revers de fortune vinrent s'abattre sur notre modeste boulanger. Force fut à ses amis de s'occuper encore de sa situation, mais quelles précautions délicates ne furent-ils pas obligés d'employer ! Lors du voyage de Reboul à Frohsdorff, en 1854, « Henri de France aurait souhaité, dit Mgr de Cabrières, annoncer lui-même qu'il lui ferait, sur sa cassette particulière, une pension assez modique pour n'être qu'une marque d'honneur ». Mais l'austère simplicité de notre ami commanda le silence même au fils de saint Louis..... Deux ans plus tard et de loin, Mgr le comte de Chambord fut plus hardi (1). Il lui écrivit le 9 janvier 1856, une lettre que tout le monde connaît et qui est tout à la fois à l'honneur du prince qui en est l'auteur et à la gloire du poète qui en est l'objet. « Avec quelle délicatesse et quelle grâce, ajoute M. de Pontmartin, cette intention fut exprimée, comment le bienfaiteur eut l'air d'être l'obligé, je n'ai pas besoin de le dire » (2).

La réponse de Reboul fut sublime. Nous devons reproduire ces lignes où revit sa belle âme :

(1) Mgr de Cabrières, *Notice*, LVIII.
(2) *Correspondant*.

« Monseigneur. — J'ai bien peur que quelque ami n'ait, auprès de vous, exagéré ce que pouvait être ma position. Elle n'avait, grâces à Dieu, quoique fort humble, rien de désespéré et aucune plainte, surtout aucune demande de ma part, n'en ont jamais rien fait transpirer.

» Quoi qu'il en soit, Monseigneur, j'accepte cette nouvelle et généreuse marque de votre bienveillance; elle paie, au delà de sa valeur ce qui, après tout, n'a été que l'accomplissement d'un devoir.

» Permettez-moi une confidence : j'avais, dans la sincérité de ma foi, peut-être même de mon orgueil, rêvé de m'en aller avec un dévouement gratuit. Dieu en a ordonné autrement et les mains augustes et vénérables, d'où descend pour moi le bienfait, ne me permettent plus, d'accord avec mon cœur, que l'expression d'une respectueuse et profonde reconnaissance. »

Quoi de plus beau qu'un long dévouement qui s'afflige de n'avoir pu être tout-à-fait gratuit !
« Restons sur ce souvenir, ajoute en terminant M. de Pontmartin; toutes les ingéniosités de la critique ou de l'éloge ne nous offriraient rien de comparable. Reboul a été plus grand en acceptant que s'il avait refusé. Il a vécu et il est mort avec un dévouement qui sera, non-seulement pour les déserteurs et les transfuges, mais pour nous, sybarites de la fidélité... irrités des plis de rose de notre martyre, une leçon et un exemple » (1).

(1) *Correspondant.*

III

LE POÈTE.

Après tout ce que nous venons de dire, il est facile de pressentir ce que fut Reboul comme poète. « Le sublime est le cri d'une grande âme. » Catholique plein de foi et royaliste convaincu, Reboul n'a eu qu'à laisser vibrer son âme et souvent il fut sublime. « Cet admirable Reboul », disait Chateaubriand. C'est le mot vrai, celui qui caractérise le mieux les œuvres de notre poète. On peut varier sur la circonstance qui a été pour Reboul l'occasion de révéler son génie : personne ne peut contester que sa poésie ne fût si noble, si élevée, si « admirable » que parce qu'il la puisait à la source même de toute vraie grandeur : l'amour de son Dieu et la fidélité à son roi.

Reboul ne comprenait pas autrement le caractère du poète et il le définissait dans ces deux vers :

> Le poète ici-bas, plus qu'un autre mortel,
> Est cet ange tombé qui se souvient du Ciel (1).

C'est bien pour avoir méconnu cette noblesse d'origine que la poésie, comme tous les arts dont elle est la sœur, s'est prostituée à toutes les

---

(1) *Dernières poésies*. p. 84.

bassesses et a dégénéré de sa beauté primitive et naturelle. Il n'a pas dépendu de Reboul qu'elle ne remontât le courant de la décadence et ne reprît son antique dignité. Il dit *A un jeune poète* :

> Apprends que *l'art pour l'art* est une impiété ;
> Car c'est le blasphémer, au Ciel et sur la terre,
> Que de lui dénier le sacré ministère....
> Ah ! loin de l'abaisser......................
> Ne crains pas de grandir sa mission sublime....
> Aussi gardant en toi le feu qui l'éternise
> Laisse dire que l'art s'étiole et s'épuise :
> Alors qu'il prend sa source à l'océan divin,
> Le ruisseau ne saurait se changer en ravin.
> . . . .
> Le poète avant tout doit être homme d'honneur ;
> Il doit bien plus qu'un autre, avoir sa propre estime:
> Quand on se sent déchu, comment être sublime ? (1)

Reboul est là tout entier. Pourquoi faut-il dire que la critique lui a fait un reproche de ce qui fait sa gloire et son honneur ? On a blâmé le poète-boulanger de s'être élevé au-dessus de sa sphère, d'avoir voulu suivre dans leur vol Lamartine et Victor Hugo : on lui a fait un crime de n'être pas un poète populaire.

Une des tristesses de Reboul a été de voir la critique lui faire tour à tour une louange ou un reproche de sa modeste condition : il regrettait, dans les jugements portés sur lui, qu'on s'occupât trop du boulanger, non pas qu'il rougit de son berceau, — il craignait au contraire d'en ressentir

(1) *Dernières poésies*, p. 81 et 91.

trop d'orgueil, — mais il aurait voulu être jugé d'après ses œuvres.

Or, les œuvres de Reboul, pour qui les a lues et méditées, ne méritent pas les reproches qu'une critique trop partiale a adressés à notre poète. M. de Pontmartin a quelques pages consacrées à venger Reboul de ces injustices et à prouver victorieusement qu'à Nimes où « le peuple n'est pas ce qu'un vain bourgeois pense », où ce peuple « a une âme, une volonté, des croyances, un sentiment de dignité naturelle, » la poésie de Reboul est une poésie vraiment populaire. Il y a une poésie populaire qui est « démagogique, subversive, révolutionnaire, querelleuse, agressive, » la poésie, en un mot, *populacière* ; ce n'était pas la poésie de Reboul, elle n'eut pas été, à Nimes, l'expression fidèle des sentiments de notre excellent peuple.

« Dire que Reboul, ajoute l'éminent critique, quand il a chanté les douleurs et les consolations des mères, les petites sœurs des pauvres, les mystères de la religion, la nativité de Notre-Seigneur Jésus-Christ, le sacerdoce, la charité, les devoirs du citoyen, les noms chers à la fidélité politique, n'a pas été au plus haut degré, un poète populaire, c'est absurde ; c'est comme si l'on disait que le Christianisme, la charité, les fêtes de l'Eglise, n'intéressent en rien le peuple... Ce serait bien mal connaître notre Midi. »

« Voilà le trait distinctif de Reboul, son charme et sa gloire, sa place dans son pays et dans notre histoire littéraire.... Lorsque j'ouvre les volumes de Reboul et que je lis les *Langes de Jésus*..., l'*Aumône*..., l'*Ange et l'Enfant*..., les vers au *comte de Chambord* et *à la fille de Louis XVI*, je crois entendre vibrer dans ces pages l'âme d'une noble ville et d'un noble peuple et je me dis que, si ce n'est pas là la poésie populaire, je suis trop vieux et trop peu ingambe pour aller la chercher ailleurs. » (1).

« Le souffle du peuple, dit à son tour M. Poujoulat, (je parle du peuple du Midi), se mêle au souffle du poète de Nîmes lorsqu'il chante la vieille foi catholique, le vieux droit monarchique, la vieille race dont la grandeur est la grandeur même de la nation française » (2).

Et il se trouve que ce sont ces nobles choses que chante surtout la muse de Reboul. Encore une fois, n'est-ce pas là une poésie populaire dans la haute et vraie acceptation du mot, et de tous ceux qui connaissent Nîmes, quelqu'un pourrait-il me contredire ?

Ne mentionnons qu'en passant les débuts proprement dits de Reboul : ce furent des vers éclos dans l'intimité familière de quelques amis et destinés à égayer certaines petites fêtes de campagne ; quoique les aînés par ordre d'origine, ils sont loin d'égaler leurs plus jeunes frères et ils n'étaient pas de nature à faire prévoir la réputation si méritée que Reboul devait obtenir. Il était

(1) *Correspondant.*
(2) *Lettres de Jean Reboul. Introduction.*

dans la destinée de ce génie d'avoir toujours l'obscurité pour point de départ, l'obscurité dans son origine au point de vue de l'homme et du citoyen, l'obscurité dans ses premiers débuts comme poète.

Ne nous en plaignons pas trop ; à la vue « de tant de soleils » qui sont tombés, ne nous attristons pas de ce que l'astre de Reboul ait été, à son aurore, voilé de quelques nuages ; c'est là qu'il a puisé cette modestie profonde qui lui a valu l'honneur bien rare aujourd'hui d'être « tout d'une pièce » ;

Un grand nom coûte cher dans les temps où nous sommes.

Instinctivement ces débuts de Reboul nous rappellent les commencements du général Drouot, ce génie des batailles, qu'a si éloquemment loué le P. Lacordaire, et qui se forma, comme celui de Reboul, dans l'obscurité d'une boulangerie. L'illustre dominicain s'exprime ainsi à ce propos :

« Dès les deux heures du matin, quelquefois plus tôt, il était debout : c'était le temps où le travail domestique recommençait à la lueur d'une seule et mauvaise lampe. Il reprenait aussi le sien, mais la lampe infidèle, éteinte avant le jour, ne tardait pas de lui manquer de nouveau ; alors il s'approchait du four ouvert et enflammé et continuait, à ce rude soleil, la lecture de Tite-Live ou de César. »

Telles devaient être aussi les héroïques industries de Reboul. N'ayant reçu qu'une instruction très incomplète et tronquée, il avait à se former lui-même, à se créer les ressources qui lui manquaient et que la muse, déjà trop impatiente, semblait réclamer quand elle lui disait : *Debout ! debout !*

Sa bibliothèque ne se composait que de quelques livres qu'il devait à la bienveillance de Me Boyer, et, quand il put trouver quelques faibles ressources pour en acquérir, elle ne se forma que de la Sainte Bible, des œuvres de Corneille, de quelques volumes de Joseph de Maistre et d'un très petit nombre d'autres rentrant dans cet ordre d'ouvrages. Mais il les méditait profondément, il les dévorait et il se les est si parfaitement assimilés que son génie en porte partout l'empreinte.

Après ces livres, il faisait ses délices de consulter quelques-uns de ses meilleurs amis auxquels il soumettait tous ses vers pour en recevoir une critique éclairée et impartiale ; il est vrai que sur l'emploi de certaines locutions, Reboul était difficile à convertir, mais, à part ces très rares exceptions, il se montrait toujours à l'égard de ses charitables conseillers d'une déférence qui n'avait d'égale que sa profonde modestie. Il a prouvé maintes fois qu'il savait se rendre à un conseil, à une observation, à un reproche, parfois même très pénible : témoin le profit qu'il sut tirer des bienveillantes remontrances du cardinal de Villecourt à propos de ses premiers vers.

Pendant quelque temps, ses amis affligés lui

trouvèrent une résistance à laquelle ils n'étaient pas accoutumés; ils avaient organisé pour décider Reboul à affronter les épreuves de la publicité une sorte de conspiration qui menaça longtemps de ne pas réussir. De puissants encouragements triomphèrent enfin des hésitations du poète et les premières *Poésies* de Reboul firent leur apparition dans le monde des lettres.

C'était une épreuve redoutable, mais comme on pouvait s'y attendre, la muse de Reboul, en sortit victorieuse ; avec un parrain tel que Lamartine, à l'heure même de ses plus grandes gloires, le succès ne pouvait être douteux. Lamartine lui-même appréciait ainsi les vers de Reboul : « J'ai reçu, Monsieur, vos vers nouveaux. Ils m'ont étonné, même après l'*Ange* et l'*Enfant* : c'est tout vous dire. »

A cet éloge firent écho tous les critiques les plus célèbres de l'époque. Nommer Berryer, Frayssinous, Montalembert, Chateaubriand, de Falloux, de Broglie, Laprade, L. Veuillot, Laurentie, Poujoulat, Keller, L. de Gaillard, etc., c'est rappeler tout ce que le monde littéraire a de plus illustre et de mieux goûté, tout ce qui fait autorité, en un mot, dans le genre d'études qui nous occupe et c'est environné des témoignages les plus sincères de ces princes de l'éloquence et de la littérature que Reboul nous apparaît et se présente à la postérité.

La poésie de Reboul s'inspirant de sentiments nobles et élevés devait naturellement se ressentir de cette sublime origine et être marquée du sceau de la vraie grandeur. Son vers a une concision cornélienne. « C'est complet, c'est beau, on en garde le souvenir. Un homme de goût, doué de mémoire, aurait fréquemment à citer de Reboul des vers proverbes. Dans l'expression de la vérité et du bon sens, la poésie de Reboul est faite au burin. »

On a dû en faire la remarque en lisant les nombreuses citations que nous avons déjà faites, mais ces vers-sentences fourmillent dans toutes ces pièces, vers d'un seul trait qui frappent l'esprit et s'y gravent pour toujours :

Si Dieu n'a point parlé qui peut parler en maître ?
. . . .
Se faner pour le Ciel, c'est encore refleurir !
. . . .
L'art est un beau caprice et non pas un métier !
. . . .
Un principe vaut mieux qu'un éclair de fortune !
. . . .
Mieux vaut encor l'oubli que d'infâmes lauriers ?
. . . .
Le rêve fut toujours amant de la paresse.
. . . .
L'amour du beau n'est pas le don de l'exprimer.
. . . .
La soif de s'enrichir n'enrichit que la mort.

Telle est la facture à peu près générale des vers de Reboul ; ils sont marqués au coin du grand siècle. On ne peut pas juger autrement l'ensemble de ses diverses poésies et il nous semble que c'en est assez pour sa gloire.

Ce serait ici le lieu de faire passer sous les yeux

du lecteur une analyse des principales œuvres de Reboul, mais on comprendra que nous ne fassions qu'effleurer cette partie de notre tâche ; ce travail nous forcerait à sortir des limites que nous avons dû nous imposer ; en étant rapide, toutefois, nous tâcherons d'être le plus complet possible.

Nous avons déjà dit notre pensée sur le poème de Reboul, intitulé : *Le dernier jour*, œuvre capitale de notre poète dans laquelle « des éclairs de génie se mêlent à des ombres, mais où l'on sent souvent le souffle de Dante ou de Milton. »

Parmi les autres œuvres principales de Reboul, citons d'abord le *Martyre de Vivia*, mystère en trois actes et en vers, qui rappelle en maints endroits le *Polyeucte* de Corneille. Ce n'est pas assez de dire que cette tragédie renferme quelques belles scènes : le rôle de Vivia est beau tout entier ; « la douleur paternelle de Lucilius s'exhale contre les chrétiens en des accents dignes de *Polyeucte*; la scène des préposés du cirque et surtout le personnage ivre d'une ivresse prophétique, appartiennent à un ordre de beautés d'un genre à part. » Mentionnons encore les *Chœurs* de cette tragédie dans lesquels se fait remarquer le talent lyrique de l'auteur.

Le *Martyre de Vivia* ne réussit pas de ce succès qu'obtiennent sur nos théâtres une foule de pièces bien inférieures en mérite; Reboul travaillait plutôt pour obéir à l'inspiration qui le poussait que pour produire et *réussir*; il avait, du reste, une répugnance invincible pour ce que l'on appelle la réclame.

<small>La réclame répugne à tout cœur élevé (1).</small>

En revanche, « l'ouvrage captive à la lecture, parce que, le livre à la main, on est doucement subjugué par la poésie et par les caractères sans qu'on ait besoin des combinaisons et des effets dramatiques pour vous tenir en haleine » (2).

Le théâtre de Reboul se compose encore de deux autres pièces, *Antigone* et *Charles Martel à Nîmes*, mais ces deux œuvres, n'ayant pas été encore publiées telles qu'elles ont été remaniées par le poète, nous nous abstiendrons de nous prononcer à leur sujet, exprimant le désir de les voir un jour livrées à la publicité dans une édition complète des œuvres de Reboul. M. A. Demians, l'un des meilleurs amis du poète et son exécuteur testamentaire, n'eut pas manqué d'élever cette sorte de monument à la gloire de Reboul. Mais ce qu'une mort précoce l'a empêché d'essayer, la ville de Nîmes ne pourrait-elle pas tenir à honneur de l'entreprendre et de le mener à bonne fin ? M. Germer-Durand, « le conseil littéraire le plus compétent et le plus assidu qu'ait eu Reboul auprès de lui, » serait pour ce travail d'un concours précieux, et nous ne doutons pas qu'il ne fût heureux de consacrer à cette œuvre le dévouement d'une sollicitude toute paternelle.

(1) *Homélie poétique*, p. 80.
(2) Poujoulat. *Lettres de Jean Reboul. Introduction.*

L'*Homélie poétique* de Reboul est d'un tout autre genre que ces pièces de théâtre : elle rentre dans ce que la littérature nomme le genre didactique; mais encore ici nous retrouvons les traces du grand [siècle ; après Corneille, c'est Boileau que Reboul prend pour guide et pour modèle. L'*Homélie poétique* est un *art poétique* à l'usage du XIXe siècle. « C'est une autre œuvre que celle d'Horace et de Boileau, écrit M. Poujoulat, parce que le temps a jeté parmi nous de nouvelles mœurs littéraires, mais Reboul, malgré quelques vers inutiles qu'on pourrait retrancher, soutient le voisinage de ses deux immortels modèles... Son vers est expressif, heureux et naturel. Cet ingénieux et charmant poème, le plus limé de ses ouvrages, suffirait pour sauver le nom de Reboul, c'est son épître aux Pisons » (1).

L'*Homélie poétique* adressée à un jeune poète, se compose de quatre livres. Dans le premier, Reboul groupe les préceptes généraux qui doivent régler toute poésie : ce sont des principes de sagesse et de goût. Il recommande surtout à son « poète » de se familiariser avec les écrivains du siècle de Louis XIV, d'enrichir sa mémoire de nombreux passages de leurs meilleures œuvres :

> Ta muse y trouvera......
> Ce sens régulateur qui les fit sans égaux (2).

La doctrine de Reboul se résume dans ces quatre vers :

(1) *Lettres de Jean Reboul.* — *Introduction.*
(2) *Homélie poétique.*

> Tu feras accepter la rime suffisante,
> Pourvu que la pensée y soit toujours présente.
> C'est d'abord par le fond que l'on juge un écrit
> Et l'oreille et les yeux viennent après l'esprit (1)

Le livre deuxième est consacré à donner les règles des divers genres de poésie, du drame, de la comédie, de la satire, de l'épopée, de l'élégie, de l'ode, etc. Mais, quel que soit le genre que l'on adopte, il est une règle générale que l'on doit toujours suivre :

> En traitant des sujets simples ou grandioses
> Que le style en accord se trouve avec les choses.

Dans ce que Reboul dit de l'élégie, on sent qu'il a voulu exprimer ce que lui-même avait si bien mis en pratique :

> Afin de le porter au suprême degré,
> Du deuil que l'on exprime il faut être navré.

Et quant à la seule règle qu'il soit permis d'imposer au genre de poésie où « un beau désordre est un effet de l'art », est-il possible de la mieux tracer que ne l'a fait Reboul ?

> L'ode n'a point d'essor sans une âme croyante,
> Pour chanter sa louange en vers de bon aloi
> Du héros qu'on choisit il faut avoir la foi.

Le livre se termine par des conseils judicieux sur la concision du style :

> Car, dit Reboul, le génie est bref.

(1) *Homélie poétique.*

Dans le troisième livre, Reboul s'occupe de la publicité à donner à une œuvre. Il fustige d'abord ces esprits affamés de renommée qui veulent toujours et toujours produire ; puis il conseille au jeune poète de ne jamais se confier en ses propres lumières et de ne rien publier avant de l'avoir soumis à des amis compétents.

> Car l'homme seul est faible et cherchant un appui
> Veut savoir ce qu'il vaut par d'autres que par lui.

Il s'était si bien trouvé lui-même d'en avoir agi avec cette extrême prudence ! Ne semble-t-il pas qu'il parle de son propre bonheur quand il écrit ces vers :

> Heureux celui qui peut trouver dans ce cénacle
> Ce critique parfait, ce véritable oracle !

Et enfin quand le moment est venu de livrer ses œuvres à l'impression, il faut avoir bien soin de se préparer à recevoir la critique et surtout éviter de mendier des éloges trop flatteurs. C'est l'objet du 4e livre de l'*Homélie poétique*.

Reboul ne veut pas qu'on s'exalte trop vite : le vrai talent se défie des premières louanges, tandis que, au contraire,

> En se voyant traité comme un homme d'élite,
> Un sot finit par croire à son propre mérite.

Mais si un succès légitime vient récompenser les travaux de l'auteur, Reboul lui conseille,

même alors, de ne pas se livrer tout entier à « l'ivresse du triomphe. »

> Apprends qu'il est prudent, avant que de le boire,
> De tremper d'un peu d'eau le vin de la victoire ;
> L'ivresse du triomphe oblitère le sens.

L'orgueil du succès et la soif de l'or : telles sont les deux causes de la prostitution de notre littérature contemporaine ; elles engendrent aussi la basse jalousie qui enfante à son tour les haines les plus méprisables.

Ces considérations ramènent Reboul pour ainsi dire à son point de départ, à la source de toute vraie poésie : il s'élève alors dans les plus hautes sphères où il essaye d'entraîner avec lui son « jeune poète, » et lui démontrant avec une vraie éloquence qu'il doit prendre toujours pour guides le Christ et son Eglise, il lui trace en ces mots le portrait du poète chrétien :

> Le poète ici-bas. . . . .
> Est cet ange déchu qui se souvient du ciel,
> Qui se sent incomplet et qui veut dans sa lutte
> Refaire sa splendeur et remonter sa chûte.

Toutes les autres œuvres moins importantes de Reboul peuvent se grouper sous cinq ou six divisions générales : l'ode, l'élégie, la poésie descriptive, l'épitre, la satire, la poésie légère ou badine. Dans toutes ces nombreuses pièces on reconnait toujours la facture de Reboul : la plupart sont de vrais chefs-d'œuvre dignes de figurer dans le recueil des pièces de nos meilleurs poètes.

Est-ce à dire que notre admiration pour Reboul nous aveugle jusqu'à ne pas remarquer et ne pas reconnaître sincèrement certains défauts ou certaines négligences de style et même de grammaire? Nous serions les premiers à nous le reprocher.

Oui, il est vrai, que, comme Homère, notre bon Reboul sommeille parfois.

... Quandoque bonus dormitat Homerus.

Mais pourquoi donnerions-nous, d'autre part, trop d'importance à ces lacunes, du reste inévitables, et qui ne vont jamais jusqu'à déparer les beautés incomparables dont fourmillent les œuvres de notre poète?

Parmi les odes, il faut classer le *Chant de la Pologne*, les vers *A François II*, *A Mme la duchesse de Parme*, *A M. le comte de Chambord*, *A un exilé*, sur *S. Paul*, sur le *Sacerdoce* et sur *le Citoyen en temps de Révolution*, la pièce intitulée : *Anathème ou gloire* dans laquelle est retracée si fidèlement toute la vie de Napoléon Ier, glorifiée et anathématisée tour à tour par les voix de l'histoire et de la postérité ; l'ode *A Sigalon* où nous remarquons ces vers sur Rome :

> Toute grandeur déchue habite ses ruines,
> Le siége de Celui qu'on couronna d'épines
> Doit être en harmonie au front découronné.
> Rien n'y saurait blesser une altière disgrâce;
> La tombe des héros est la plus noble place
> Où peut venir s'asseoir un grand infortuné (1).

---

(1) *Poésies*, p. 48.

Citons enfin l'ode à *Berryer* dont le début a tant de grandeur :

> La foudre a ses éclats, l'Océan son murmure,
> Mais de tous les grands bruits qui sont dans la
> [nature,
> Qui montent de la terre ou descendent du Ciel,
> La parole de l'homme est le plus solennel.

Ajoutons toutefois que l'ode de Reboul n'est pas toujours l'ode proprement dite, celle que l'on nomme *pindarique* ; elle n'est pas partout un chant, un hymne, mais elle tient à l'ode par ce qu'elle a de plus noble, de plus grand, de plus élevé ; elle en a l'essor, le sublime et à ce point de vue elle ne redoute aucune comparaison.

Un autre genre où Reboul se montre également supérieur, c'est l'élégie. Tout le monde connaît l'*Ange et l'Enfant*, mais ce que beaucoup ignorent, c'est que cette pièce n'a été pour Reboul que comme un coup d'essai. Nous sommes de l'avis de M. de Pontmartin quand il place au-dessus de l'*Ange et l'Enfant*, la pièce intitulée : *La marraine magnifique*, de la même coupe et de la même inspiration, mais avec quelque chose de plus achevé que la première. Nous rangerons aussi dans la même catégorie cette partie de la pièce intitulée : l'*Inondation* où une mère infortunée voit les flots lui ravir son enfant, et le plaidoyer admirable qu'une autre mère, sortant des flammes du Purgatoire, adresse à la justice de Dieu en faveur de son enfant qu'elle veut entraîner au Ciel. Reboul sait parler merveilleusement le langage des mères.

Les autres élégies sont intitulées : *Elle est malade !* — *La fille de Sion.* — *La tristesse de S. Joseph.* — *Colloque du Christ avec sa Mère.* — *Le Christ à Gethsémani*, etc.

Quant à la poésie descriptive, sans y exceller comme dans les genres précédents, Reboul s'y livre avec assez d'aisance ; mais pour lui cette poésie n'est pas une peinture toute plastique, inanimée ; il porte jusqu'ici ses idées et ses sentiments ; il décrit avec une idée préconçue qui donne sa portée morale à la description et alors il est plus vrai de dire qu'il ne décrit pas, mais qu'il interprète.

Signalons, dans cet ordre, sa pièce sur les *Arènes*, la *Lampe de nuit*, pièce trop méconnue, dirons-nous avec Mgr de Cabrières, *Une revue de la ville de Nimes en 1854.* — *Le Château du mendiant.* — *Le moulin de Gessève.* — *A la mer.* — *Une promenade sur mer.*

Parmi les épîtres et les satires, nous devons ranger les pièces de Reboul intitulées: *La raison et la foi.* — *L'esprit et les sens.* — *Le système égalitaire.* — *Le libre arbitre* — *Aux peuples.* — *Aux rois.* — *Du beau dans les arts.* — *Au XVIII° siècle.* — *Epître à M···*, sur les travers des députés. — *Un excentrique.*

Enfin comme poésie légère ou badine, citons: *La chèvre de Saint-Pierre.* — *L'hirondelle du Troubadour.* — *La cueillette d'olives.* — *Le bric-à-brac.* — *Le Barbier de mon père.* — *A Basque.* — *Boutade.* — C'est à peu près tout ce que Reboul a écrit dans ce genre : il était un poète sérieux. Encore moins devrons-nous nous étonner de ne trouver aucune de ces pièces de poésie qui sont avant tout un jeu, un amusement ou un tour de force de l'esprit. Reboul ne s'est jamais essayé à ces sortes de supplices de l'intelligence ; il nous en dit lui-même la raison dans ce vers :

J'aime le beau dans l'art et non le difficile (1).

Nous regrettons de n'avoir pu que mentionner, pour ainsi dire en courant, le titre de ces nombreuses pièces. Que de beaux vers ! Que d'admirables pensées nous aurions eu à leur emprunter. Mais nous devons nous borner. Aussi bien la tâche, que nous laissons inachevée, sera-t-elle mieux remplie par des plumes ou par des voix plus autorisées. L'Académie de Nîmes a, elle aussi, son hommage à rendre à Reboul et on sait qu'elle sera à la hauteur de son devoir.

C'est la forme seule qui était ici en question ; nous ne parlions que du vêtement de la pensée ; la pensée elle-même qui est la vraie poésie, nous l'avons étudiée quand nous considérions Reboul comme chrétien et comme royaliste. C'est à ce point de vue qu'il faut se placer pour apprécier notre poète, pour connaître à fond notre

(1) *Homélie poétique.*

Reboul, car, encore une fois, ce qui l'a fait poète, c'est son cœur inspiré par sa fidélité à son roi et par son amour pour son Dieu.

Il y a quelques mois à peine la ville de Saint-Malo dressait une statue à l'illustre auteur du *Génie du Christianisme*; la « royauté du style » était enfin placée sur son trône. Aujourd'hui c'est Nimes, à son tour, qui honore son « admirable » Reboul » ; la « fidélité » obtient aussi son piédestal. Chateaubriand au nord, Reboul au midi : c'est la réparation équitable des injustices d'un gouvernement jaloux et persécuteur. Il était temps qu'une juste compensation nous fût enfin donnée pour cette manie d'apothéose qui signala les dernières années de l'Empire. — Nous aurions dû nous douter qu'il ne se hâtait de glorifier *ses hommes* que parce qu'il avait peu de foi lui-même dans sa durée.

Honneur à la cité de Nimes qui a su si bien comprendre et si noblement remplir son devoir ! Nous unissons dans le même sentiment de reconnaissance et les membres de la municipalité qui, il y a douze ans, firent des funérailles de Reboul une sorte de pompe triomphale et les membres de la municipalité actuelle qui organisent avec tant de zèle et d'enthousiasme les fêtes de l'inauguration de la statue de Reboul ! En glorifiant son « poète », Nimes se glorifie elle-même ! Combien de villes n'auraient pas su peut-être honorer de même un talent si noble et un si modeste citoyen ?

Nous lisons sur le socle où repose la statue :

A JEAN REBOUL

SES CONCITOYENS

Quelle simplicité dans cette inscription, mais en même temps, quelle éloquence!

Ce sont les concitoyens de Reboul qui lui rendent hommage, et ils proclament ainsi qu'il ne fût pas seulement un grand poète, mais aussi et avant tout un grand citoyen, un Français vraiment digne de ce nom. Ce n'est pas tout : les concitoyens de Reboul, en l'honorant ainsi, n'oublient pas que « noblesse oblige » et que de tous les hommages, le plus enviable pour Reboul est celui de se voir revivre dans des citoyens dignes de lui.

Quel beau jour que celui où ce modeste ouvrier, sous l'habit duquel se cachaient toutes les noblesses, verra se grouper autour de lui, dans un même élan d'enthousiasme et d'admiration, tous ses concitoyens sans distinction d'opinions, de partis, de rang ou de naissance! La religion célèbrera la vivacité et l'ardeur de sa foi! La littérature louera les beautés de sa poésie! Nimes saluera dans Reboul celui de ses enfants qui est le plus illustre parce qu'il sut être toujours le plus modeste!

Il manquera quelque chose à cette belle fête : je veux dire, l'hommage sympathique de « Celui qui n'est pas encore en France. » Quelle satisfaction eut été pour ce noble prince de pouvoir récompenser dignement ce vaillant serviteur qui « avait rêvé de s'en aller avec un dévoûment gratuit ! » Peut-être un jour lui sera-t-il donné de se dédommager de cette privation, mais dès aujourd'hui nous savons que son regard est tourné vers Nîmes et que son cœur ému est avec nous.

Et puis, quand toutes les voix auront fait silence, quand tous les bruits des fêtes populaires seront tombés, la postérité commencera, à proprement parler, pour Reboul. Mais il peut l'attendre en paix. Son nom ne tombera pas dans l'oubli ; Reboul vivra tant que vivront les principes qu'il a défendus et glorifiés : la mort ne relèvera jamais le défi qu'il lui a jeté dans ces vers, mis sur les lèvres du « Vrai poète » :

> « Je suis né pour la vie, et n'obéirai pas
> . . . .
> Mes hymnes donneront la parole à ma cendre ;
> Je laisse en m'en allant de quoi t'anéantir.
> Je t'ai tuée, ô mort, avant que de mourir » (1).

Nîmes, ce 10 mai 1876.

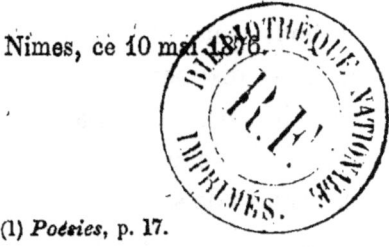

(1) *Poésies*, p. 17.

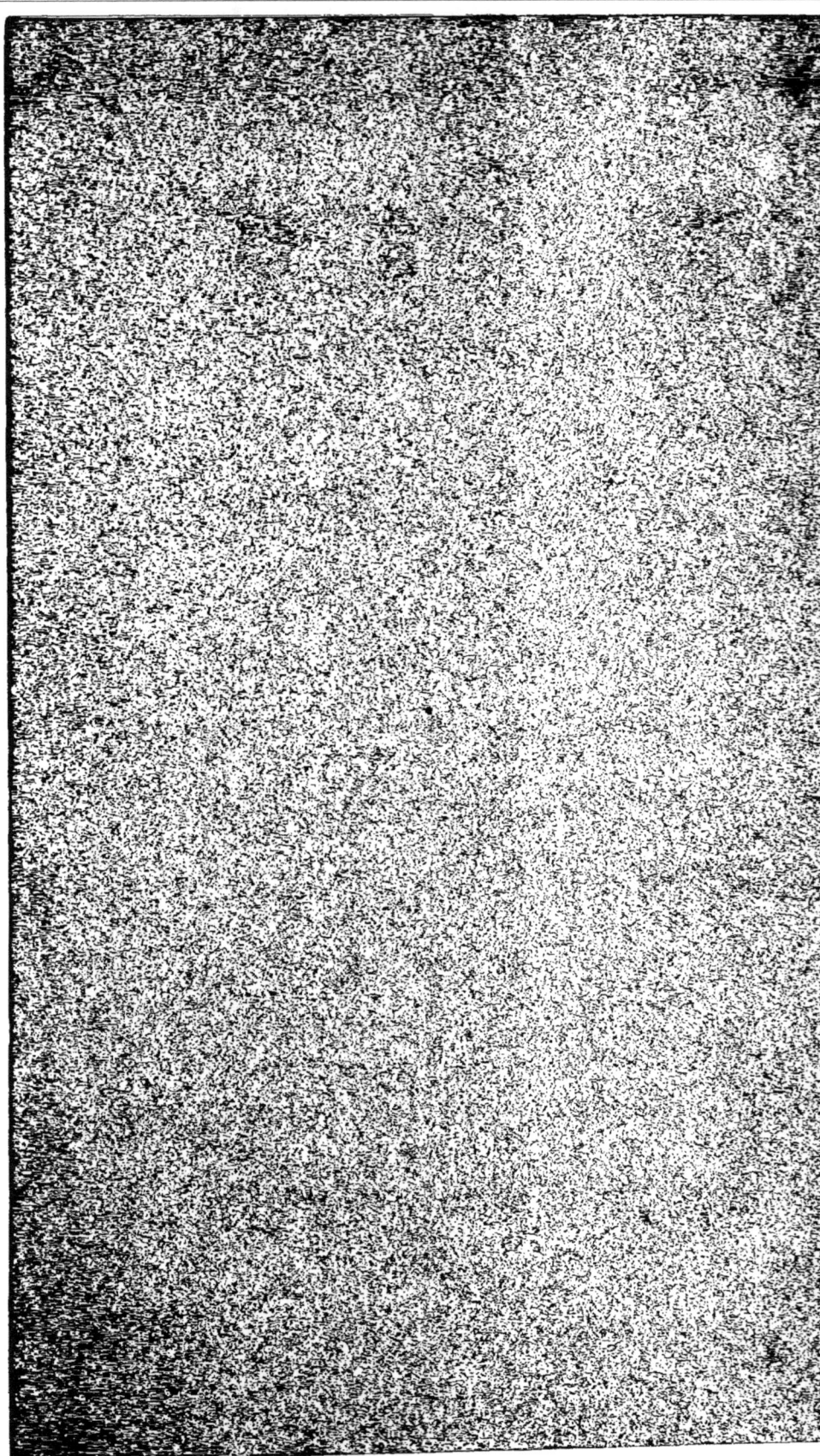